走向现代化的学校治理

江培英 | 著

中国书籍出版社
China Book Press

图书在版编目（CIP）数据

走向现代化的学校治理/江培英著 . —北京：中

国书籍出版社，2025. 5. — ISBN 978 - 7 - 5068 - 5189 - 3

Ⅰ . G637

中国国家版本馆 CIP 数据核字第 2025S0W805 号

走向现代化的学校治理

江培英　著

责任编辑	杨铠瑞	
责任印制	孙马飞　马　芝	
封面设计	中联华文	
出版发行	中国书籍出版社	
地　　址	北京市丰台区三路居路 97 号（邮编：100073）	
电　　话	（010）52257143（总编室）　　（010）52257140（发行部）	
电子邮箱	eo@ chinabp. com. cn	
经　　销	全国新华书店	
印　　刷	三河市华东印刷有限公司	
开　　本	710 毫米×1000 毫米　1/16	
字　　数	150 千字	
印　　张	14. 5	
版　　次	2025 年 5 月第 1 版　2025 年 5 月第 1 次印刷	
书　　号	ISBN 978 - 7 - 5068 - 5189 - 3	
定　　价	78. 00 元	

目 录
CONTENTS

第一章

现代化的学校治理理念

教育、科技、人才是全面建设社会主义现代化国家的基础性、战略性支撑。现代化赋予教育现代化新的内涵特征、历史使命与发展路径。实现教育现代化，加快建设高质量教育体系，深化教育领域综合改革，就要从"管理"走向"治理"，加快推进教育治理体系和治理能力现代化，构建现代学校综合治理体系和发展机制。

现代化的学校治理，确立"以人为本"的教育理念是基础。"以人为本"的教育理念，就是要让教育回归育人的初心，确立"以人为中心"的教育理念，以人性为本位，从人性出发，把尊重人、关心人、解放人和发展人作为追求的终极目标，贯穿在教育活动全过程，体现在教育工作的方方面面。在教育实践中始终把人的全面发展作为教育的首要目标和中心位置，教育的主体是人，教育的对象是人，教育的目的仍然是塑造人。

现代化的学校教育，强调"学生本位"，一切以学生为中心，关注每一个学生的成长和发展需求。学校的各项规章制度和管理办法都应以促进学生的全面发展为目标，学校注重培养学生的终身学习能力，提供多样化的学习资源和机会，帮助学生适应快速发展变化的社会。学校注重创建一个包容和谐、功能多元的学习环境，尊重每一个学生的个性和背景，鼓励学生积极参与校园生活，培养其成为有责任感的社会一分子。

现代化的学校治理，确立"以人为本"的管理理念是关键。在管理中把"以教师为本"作为学校管理的基本准则，将法治为本、多元共治、民主决策、绩效导向以及技术支撑作为现代化学校治理的五大核心理念。现代化学校治理理念的实施是一个系统工程，不仅需要对内部管理体制进行全面革新，也需要构建一个开放包容的多方参与机制，让多元治理真正成为学校发展的助力。

从管理走向治理的现代化学校治理，强调解决学校问题主要依靠多元治理。北京师范大学褚宏启教授认为现代教育之善治的最后目标是办成"好教育"，"好教育"或者"善教"意味着教育领域公共利益的最大化。通过好的学校治理，为每一位学生创造适合的教育，为每一位教师点亮职业的幸福，让学校成为教育无处不在，教育时时发生的幸福之地和师生诗意栖居之所。

一、"以人为本"的教育理念

从哲学意义上讲，"以人为本"的"本"，不是本体或本源，也不是本质或本性，而是"根本"。以人为本，也就是说人是根本。德国哲学家康德提出："人是目的。"康德强调人不是神灵实现自己的目的的手段，不是神的奴仆或玩物，人就是终极目的，因为神归根结底是人创造出来的，实质上也是服务于人的需要的。列宁说过，在生产力中，人的因素是第一位的。毛泽东也说过，世间一切事物中，人是第一可宝贵的。邓小平指出，中国的事情能不能办好，关键在人，能否发现和用好人才，关系到现代化建设的成败。不仅如此，人是主人。

关于人的作用在教育领域也有过类似的阐述，前苏联教育家苏霍姆林斯基曾经说过，教育，这首先是人学；教育学是人学，人是最高价值。教育的目标是怎样培养真正的人，大写的人。学校教育，放在首位的是培养人。

"以人为本"的教育，就是要向受教育者传播"人是根本"的理念，使他们懂得和学会尊重人、关心人、相信人。在教育过程中，处处体现对人的尊重和关注，时时把维护教育工作者、教师、学生的利益放在首位。在教育领域，所有教育环境、教育制度和教育体制等，都以"三个有利于"作为行动的标尺，一是有利于调动和发挥人的积极性、主动性，二是有利于人的才能的发挥，三是有利于人的健康成长。

"以人为本"的教育，强调教育应围绕学生的实际需要和成长规律进行，注重学生的全面发展和个性化发展。这一理念要求教育实践中尊重两个基本规律：教育的基本规律和人的成长与发展规律。尊重教育的基本规律要求教师专业发展与实践结合，促进教学方法与内容的不断创新；尊重人的成长与发展规律则要求教师关注每位学生的个性化需求，培养学生的自主学习能力和综合素质。

所以，"以人为本"的教育往往有五个显著的特征：一是尊重生命个体，二是关注人的成长，三是关怀人的价值，四是培养完整的人，五是主张人性向善。

（一）人本教育办学思想

《中国教育现代化 2035》提出推进教育现代化的八大基本理念：更加注重以德为先，更加注重全面发展，更加注重面向人人，更加注重终身学习，更加注重因材施教，更加注重知行合一，更加注重融合发展，更加注重共建共享。

那么，什么样的教育才是好的教育？什么样的管理才是好的管理？什么样的文化才是好的文化？办学者只有回答好这几个问题，才能更好地确立学校的办学价值。

我们致力于做适合学生成长的教育，适合教师成长的管理，适合学校成长的文化，我们就要从教育的本源来思考教育。每一个教育工作者，都要回应"为谁培养人，培养什么人，怎样培养人"这三大问题。面对越来越不确定的未来，我们必须回到培养"一个全面发展的人"，注重培养人的创造性、适应性和学习力来应对未来。所以，当前教育中最重要的目标不是"充满知识"的头脑，而是"一个构造得宜的头脑"，能够"明智地思维"以及具有质疑的精神。

人本教育理念是一个重要的逻辑基础，也是一个核心的价值取向。人本教育理念是指以人为本的理念，它强调人在发展中的核心地位和作用，尊重人的主体性、个体性、多样性和创造性，关注人的需求、权利、利益和幸福，旨在促进人的全面发展。

1. 人本教育办学思想的起源与发展

人本教育办学思想，强调以学生为中心，关注学生的个性发展、情感需求和创新能力培养。人本主义心理学是推动现代人本教育发展的重要理论来源之一，它主张尊重人的主观能动性、情感需求和个体差异，强调个人自我实现的重要性。早期的人本主义教育家如罗杰斯、马斯洛等提出，教育应更多地关注学生的全面发展而非仅仅传授知识。20世纪中叶，随着民权运动和自由思潮的兴起，人们开始反思传统教育模式对学生个性发展的制约。

在全球范围内，越来越多的学校和教育机构开始尝试基于人本教育理念的教育模式，如个性化学习计划、情感教育课程等。于是，人本教育理论逐渐融入更多学科，如教育学、心理学、社会学等，形成了跨学科的综合教育理论体系。一些国家和地区将人本教育理念纳入教育改革的政策文件，鼓励学校实施更加人性化的教育管理与教学实践。

（1）中西方人本主义的发展

中国传统教育一直注重"以人为本"，早在春秋时期，孔子就教育对象提出了"有教无类"，就教育方法提出了"因材施教"的教育主张。"有教无类"出自《论语·卫灵公》，意思是：对待教育对象，要一视同仁，不能按照人为标准把他们分成三六九等。这是我国较早的教育平等思想的萌芽，这也是孔子整个教育思想体系的总纲。"因材施教"出自《论语·先进篇》，他关注在不同的学习场合，不同类型、不同能力水平学生的学习表现是极为复杂的，需要教师凭着自己的经验和智慧灵活地设计因材施教的方法。孔子认为主张"性相近，习相远"，即人性是相似的，但对人性的善恶，孔子认为"里仁为美，择不处仁，焉得知"，认为人性是可塑的。

到汉唐时期，汉代董仲舒和唐代韩愈提出了人性学说。董仲舒是把人性分为"圣人之性""中民之性"和"斗筲之性"。所谓"圣人之性"，是天生的"过善"之性，是一般人先天不可能，后天不可及的。"斗筲之性"，是无"善质"的，生来就"恶"的，教化无用，只能采用刑罚的手段来处置他们。而"中民之性"，也就是大多数人之性，是"有善质而未能善"，必须通过王者的教化才能成善。韩愈继承了董仲舒的性三品说，把人性又分为上、中、下三品。他认为上品的人生来就能够照封建道德标准行事；中品的人要通过修身养性才能做到这一点；下品的人则是天生的劣性，只能用强制手段使他们"畏威而寡罪"。

在魏晋时期，魏晋玄学崇尚老庄的思潮，它是当时一批知识精英跳出"修齐治平"这一传统的思维方式，对宇宙、社会、人生所作的哲学反思，以在正统的儒家信仰发生严重危机后，为士大夫重新寻找精神家园。源自《周易》《老子》《庄子》，主张"以自然之生机，变数条为适时"。

到宋明时期，宋明理学集大成者朱熹，认为程颢、程颐既讲"天地之性"，又论"气质之性"，使人性的理论"一齐圆备了"。他认为就"天地之性"而言，人、物之性皆"本同"。"气质之性"，因禀气不同，使得人、物有所不同，又因为人各有异，所以"性同而气异"。他认为"天地间只有一个道理，性便是理。人所以有善有不善，只缘气质之禀各有清浊"。"理"和"性"，人对天理的自觉就达到了人伦的自律，由内圣而外王。

人本主义在西方的发展，可以追溯到 14～16 世纪，当时提出的人文主义可视为人本主义的启蒙阶段，它主张以人为中心，歌颂人的价值力量，提倡科学、自由、平等和个性解放。17～18 世纪，代表人物夸美纽斯、卢梭等的思想一定程度上反映了人道主义的部分理念，提倡关怀人，尊重人，以人为中心，主张"自由、平等、博爱"。19 世纪，第一次提出关于人的本质的哲学，第一次提出把人和自然、人本主义和自然主义统一起来。这个时期的代表人物有裴斯泰洛奇、福禄贝尔、斯宾塞、费尔巴哈。20 世纪，提出"以人为本"，主张个人价值，弘扬个性，重视主体自由。代表人物是杜威、雅斯贝尔斯、海德格尔、萨特、布贝尔、马斯洛、罗杰斯。

（2）办学者在办学实践中的体悟

在多年的办学实践中，在传承学校优秀文化与传统的基础上，本人曾先后在不同的学校提出和践行过幸福教育、幸福的生命教育、致美教育和人本教育。无论是什么样的提法，教育追求中最核心的本质并没有改变。

幸福教育倡导教育要为师生终身发展和幸福生活奠基，追寻的是人本位中精神层面的"幸福"这一终极目标。幸福的生命教育则进一步诠释了幸福的内涵，将落脚点放在了创设各种条件去成就，成就师生精彩人生。致美教育则进一步诠释了精彩人生的

7

具体内涵，那就是成就师生有价值有意义的人生。发展到人本教育阶段，一方面强调了终极目标是让每个生命彰显价值，另一方面也明确了实施的途径——以爱育爱，以爱育爱就充分体现了对生命个体的关照，尤其是对当下的关注，对"生命"的体验、感悟和成长的关照，时时处处体现对"人"的关怀、激发与成就。

"幸福教育"是一种立足于师生生活立场，尊重师生生命价值，引导师生在教育教学中体验幸福和创造幸福，从而获得素质全面提升的学校教育实践。"幸福教育"包括两层含义：一是"关于幸福的教育"，即通过教育增强师生感知幸福、创造幸福和给予幸福的能力，它指向教育的内容和终极目标；二是"幸福地教""幸福地学"，强调师生双方教育过程的幸福体验，它指向教育的过程。"幸福教育"包含两个体系：其一，让教师拥有一种物质、精神和心灵的幸福生活，因为孩子的幸福观、幸福品质和幸福能力主要从教师那里获得。其二，不仅给予孩子一个幸福的现在，还要给予孩子一个幸福的未来。所谓幸福的现在，指健康成长和愉悦生活的学生时代；所谓幸福的未来，指完整而和谐、快乐而成功的人生旅程。

"幸福教育"理念下的学生观，认为教育对象首先是"人"，不管他们是"儿童"还是"青少年"，或者是"成人"。古代把教育对象的儿童看作"作为成人雏形的儿童"或"小大人"，它否认了儿童独特的心理活动和发展规律；在现代，把教育对象的儿童看作"作为儿童的儿童"，它忽视了儿童作为"人"的存在这一本质特性。儿童同样享有作为人类一员所应有的尊严和权利，同样遭遇着人作为人的存在问题。因此，在教育过程中，我们不仅要帮助学生提高生存能力，还要帮助他们提高存在的智慧；不能只以功利的眼光来培养教育对象，而应该以存在的眼光来对待教育对象。

"幸福教育"理念下的教师观，认为教师作为"人的教师"，应回到教师本来的和丰富的人性状态；要把作为"自然人的教师"和作为"社会人的教师"两种角色结合起来，关注教师作为人的存在问题。古代，无论是"作为神启的教师"，还是"作为官吏的教师"，都被看作一种特殊社会利益阶层的代表；在现代，"作为专业人士"的教师，也都被看成肩负着某种特殊的社会功能的人，他们都没有注意到教师作为"人"的存在。

"幸福教育"理念下的师生关系，实际上就是"作为教师的人"和"作为学生的人"这两种人之间的关系。师生面临着同样的问题——人的存在，在正确面对和解决这些问题中，教师作为成年人的经验对于学生来说是有用的，但却是不充分的，教师的权威自然也就不复存在。在这个关系层次上，师生之间需要的是真诚的交流、深刻的反省和积极的对话。

"幸福的生命教育"是一种以人为本，充满自信和活力的教育，是具有可持续发展的教育，重点是传承文明，教书育人，把主动权和发展权还给学生的教育，关键是突出时代性、发展性。它致力于办一所高品质、有特色的区域品牌学校。"高品质"师生追求幸福人生，绽放生命精彩，"有特色"以特色课程引领学生个性发展，充分释放学生的潜能。

"幸福的生命教育"旨在成就师生精彩人生，育人目标上是培养"有自信，有活力；会生活，会学习；敢担当，敢创新"的新时代好少年。"幸福的生命教育"要构建"一力、二实、三敢、四品"的教师文化。一力，即：幸福力，提升感受幸福，创造幸福，给予他人幸福的能力。二实，即：踏实做人，扎实做事，踏实做人指向立德，扎实做事指向树人。三敢，即：敢想，敢干，敢拼，敢想体现了一种思考力，敢干体现了一种行动力，敢拼则体现了一种意志力。四品，即：敦厚质朴，团结务实，创新进取，责任担当，这四品正是从个人品格、团队协作、社会发展和家国情怀四个层面来诠释教师的优良品质。

致美教育是继承和发扬了总校北京市第八中学的优秀基因，是一种聚焦未来人才的培养，用高尚和高远去引领学生，"各美其美"塑造致美育人生态的教育。在育人上，用高尚和高远去激发和引领学生，让他们全面发展"各美其美"，真正成为优秀的建设者和接班人。"致美教育"承袭总校提出的"着眼于未来、着力于素质"的办学思想，致力于培养"志向高远、素质全面、基础扎实、特长明显"的学生，主张教育的根本价值和意义是"三个提升"和"两个促进"，即提升人的生存能力、提升人的生活品位、提升人的生命价值和促进社会发展、促进人类美好；追求学生"为尚品德、增才干、健身心走进校园，为担责任、做贡献、求发展走向社会"；全体教职工要"合作、合力、合成；成就事业、成就他人、成就自己"。

走向未来的教育，需要"人"连接知识的能力，即"把知识背景化和整体化的能力"，从而形成"恰切的认识"。这种将知识整体化的能力，是"迎战不确定性"最主要的能力。

2. 人本教育办学思想的实践

人本教育的哲学基础是在现代哲学中与所谓的科学主义相并立的人本主义哲学思潮以及人本主义心理学。其教育目标是培养完整的人，达到人的自我实现，形成完整的人性以及让人的潜能得到充分发展。人本教育所倡导的师生关系是以学生为中心，从人格和情感的视角来看待学生，来阐释师生关系，提倡非指导性教学，强调学生自由发展。

人本教育有四大教育主张，一是尊重人的生命价值，注重人性潜能的发掘。二是"以人性为本位"，把人看成是生产力的首要因素，把尊重人、关心人、解放人和发展人作为追求的最高目标。三是以人为本，始终把人的发展放在首位，一切为人的发展服务，人是教育的出发点，也是教育的落脚点。四是追求人的终极意义，强调人的情感审美和对无限与永恒的体验，把学生当作一个活生生的、有个性的、有生命价值的个体来看待，深入地挖掘其内在的情感需要、动机和主观愿望，从满足个体生存需要的角度来开发其学习与发展的潜能。

人本教育在学校的落地，实际上是整体性的教育范式的转变，从集体主义转向以人为本，从应试教育转向以人为本，从学科中心、知识本位转向核心素养，从教师中心转向学生中心，从课堂中心、教材中心转向生活教育。因此，学校可以从育人思想、课程体系、课堂实践、师生成长、管理文化和教师文化六个

11

方面来实践。

人本教育育人思想的核心点是以人为本，把学生回归到人的本位来看待，来培育。人本教育的课程体系在构建时要坚守学生本位，始终站在学生发展和成长的立场。课程的落地也是处处基于人的发展，课堂实践始终关注以学生为中心，关注学生的学，教学上从教走向学，让学习真实发生。师生成长则是把尊重人、发展人、激励人放在首位，核心是激励赋能。管理文化是走向治理，在校内外把多元的主体力量和智慧凝聚起来，共同激发办学活力，创建和谐共生的育人生态。构建仁爱至善的教师文化，以仁爱至善的文化来引领学校的发展。

（二）"以人为本"的育人理念

新东方创始人俞敏洪曾经说过："任何教育都是以培养完整的人为目的，一个完整的人由心灵、思想、价值、能力、技能等组成，就像一辆完整的汽车，如果把部件拆开，就不可能在路上飞驰。"人本教育倡导培养全面发展的人，它不仅注重知识的传授，更重视学生的情感发展、社会交往能力和创造力等综合素质的培养。

在教育过程中，重视学生的需求和兴趣，注重学生的学习体验和心理感受，提供丰富多样的学习选择，让学生在学习过程中拥有更多的自主权和选择权。此时，教师角色也发生了转变，教师由传统的知识传递者转变为学习的引导者、支持者和促进者，与学生建立平等互动的关系。

1. 让教育回归育"人"初心

在加快推进教育现代化的新征程中，我们要培养担当民族复兴大任的时代新人，我们要促进学生德智体美劳全面发展，培养学生爱国情怀、社会责任感、创新精神、实践能力。教育就是要培养中国特色社会主义事业的建设者和接班人，而不是旁观者和反对派。这也深刻回答了"为谁培养人、培养什么人、怎样培养人"这一根本性问题。

所以，立德树人是教育的根本任务，那如何来认识立德树人呢？首先我们要明确教育的总方向，教育必须为社会主义现代化建设服务、为人民服务，教育的根本任务是立德树人，教育的重要内容是要培养德智体美劳全面发展的社会主义建设者和接班人，培养有理想、有本领、有担当的时代新人。

国家治理现代化的最终目的是为了人的现代化发展，而人的现代化发展只能通过现代化学校教育来实现。学校教育应将人的现代化发展视为根本目标，"人的现代化"是马克思主义关于人的全面发展学说与中国国情和时代要求相结合的最新阐释。以人的全面发展为教育根本目标，发挥马克思主义关于人的全面发展学说的理论价值；以立德树人为教育的根本任务，发扬中华优秀传统文化中的教育智慧。教育只有建立在对生命成长的本质追问上，才能成为国家复兴、文明发展的积极力量，最终实现"人"的现代化。

长期以来，一线教育工作者都在不断思考"为谁培养人""培养什么人""怎样培养人"的重大命题，在对教育本质追问的过程中，不禁发出这样的"灵魂四问"：一问每个生命存在的意义是什么？二问未来社会需要什么样的人？三问教育的本质是什么？四问学校的教育追求是什么？

回答好这"灵魂四问"，实际上就是对教育本质的深刻思考，让教育回到"人之为人"的根本上来。每一个生命，都是作为一个个独立的生命个体存在于天地之间，在整个人生历程，不同成长阶段，生命个体都要通过不断完善自我，找到生命存在的意义。同时，社会又是由一个个的生命个体组成，我们既是自然人，也是社会人，所以我们不仅要活出自己的精彩，还要承担一定的社会责任，造福社会，对社会有所贡献，做一个对社会有用的人。

那么，随着时代的进步，民族的发展，未来社会需要什么样的人呢？未来社会对人才的要求是多方面的，这不仅仅包括专业技能的掌握，更涵盖了创新能力、适应能力、人文素养等多方面的综合素质。因此，教育的目标应着眼于培养有价值且能创造价值的人，这样的人不仅能够适应未来社会的发展，更能在其中发挥积极作用。

要回答教育的本质，就要从孩子们进入学校学习的意义层面来思考，教育的本质就是帮助每一个生命个体激发潜能、涵养价值。学校教育就是要通过一个个鲜活的教育活动，不断地激发孩子潜在的能力，让每一个孩子的优势和闪光点都能够得到释放和发挥，让每一个孩子的潜能都能得以被发现，被激发。雅斯贝尔斯在《什么是教育》中曾说过："教育的本质意味着，一棵树摇动另一棵树，一朵云推动另一朵云，一个灵魂唤醒另一个灵魂。"

学校教育的任务之一是激发与培养学生的生命力，通过教育的过程不断唤醒和激活每个学生的内在潜能，从而彰显出生命的价值。这一过程不仅涵盖了知识的传授，更重要的是促进学生情感、道德、社会等多方面素质的发展。学校开展全面发展的教育活动，提供多样化的学习体验，鼓励探究式学习，促进情感与社交发展。

2. 坚定"让每个生命彰显价值"的教育追求

2015 年，《中华人民共和国教育法》第二次修正版中，对人才培养从"德、智、体"修正为"德、智、体、美等方面全面发展"。2018 年 9 月 10 日，习近平总书记在全国教育大会上指出，"要培养全面发展的人，努力构建德智体美劳全面培养的教育体系"。至此，我国对人才培养的要求从"德、智、体"逐步演变为"德智体美劳"全面发展，形成了五育并举的人才培养格局。

教育要回归"以人为本"的初心使命，立德树人，把人的全面发展作为首要目标，时时关照个体生命成长。学校教育要有完整的学生发展观，包含生理发展、人格发展、社会发展和认知发展，在提高学业成绩、发展认知能力的同时，要发展学生非认知能力，加强社会情感技能的培养，发展学生的"核心素养"。

因此，学校教育要坚定"让每个生命彰显价值"的教育追求，着眼于育"一个完整的人"和育"一个人完整的一生"，体现了学校对于落实育人目标的重视，对于每一个生命个体的尊重与关怀。教育过程中，既能看到群体发展，又能时刻关注到个体成长，能够在群体发展目标的前提下，以个体的全面发展和潜能激发为目标，这是时代发展对人才的要求，也是教育的永恒话题。

（1）着眼于培育"一个完整的人"

教育的目标不仅仅是传授知识技能，更重要的是培育"一个完整的人"。这意味着教育应该关注学生的全面发展，包括智力、情感、社会、道德和身体等各个方面。

培养一个完整的人，中国自古有之，早在春秋时期，教育家孔子就是培养一个完整的人的积极倡导者。孔子在两千五百年前就提倡要从礼、乐、射、御、书、数等多方面培养人，他强调修身、齐家、治国、平天下的人生成长过程，以及人的担当与温良恭俭的做人修养。

马斯洛主张教育的目的在于促进人的整体发展，在于培养"完整的人"，即躯体、心智、情感、心灵力量融会一体的人。每一个人本身就应该是完整的，我们的教育是要培养全面发展的人，培养完整的人。培养"一个完整的人"，要将孩子放到"人之为人"的起点上，从人性出发，把尊重人、关心人、解放人和发展人作为终极目标。

"一个完整的人"，从健全人格的角度来看，就是要促进孩子德智体美劳全面发展，让孩子的潜能得到自由、充分、全面、和谐、持续发展。这里强调的是教育的全面性，教育不仅仅要传授知识，让孩子们的智力与知识全面发展，教育还要关注孩子的身心健康和情感发展，一个完整的人应该在智商、情商和逆商等方面全面发展。在现代社会，孩子们既要有情感认知、团队领导力和多元文化认同，还要有道德与公民意识的培育，包括社会主义核心价值观、社会责任与参与、全球视野的建立等，同时，学校教育还要有身心健康和审美情趣的培育。要培养孩子逐渐获得自我性情教育的能力，让孩子拥有更广阔的天空和思想，成为更加完善的可持续发展的人。

一个完整的人具备各方面的能力和素质，包括智力、创造力、人际交往能力、情感智慧等等。因此，学校在课程体系和育人方式上要促进五育融合，助力自我价值的实现，形成完整的人格。学校教育应该帮助学生实现全面的发展，让每个学生都成为一个有思想、有情感、有责任心的公民。培育"一个完整的人"是一个系统工程，涉及多个方面的平衡和发展。这不仅要求学校提供全面的教育资源，还需要家庭和社会的共同参与。

"一个完整的人"，从对每一个生命个体差异的尊重来看，教育首先应该保持独立性，教育对象有独立的人格，也有自身成长的规律。因此，构建多元评价体系，去寻找每一个孩子的闪光点。

教育是把学生内心的火焰给点燃，教育的目的是使学生获得心灵与个体的自由。尊重每一个孩子的差异性，相信每一个生命个体都是天使般的存在，都有着美好的潜质，创造一切条件支持孩子，让孩子个体生命的潜能得到自由、充分、全面、和谐、持续发展。

教育工作者要带着放大镜去观察，去寻找孩子们身上的闪光点，发现他们的潜能。把孩子还原到一个人的原点，既要鼓励孩子无限度地发扬自己的闪光点，又要设计丰富多彩的教育活动去激发孩子的潜能，创造孩子的"高光时刻"，让其成为更好的自己，助力每个人不一样的精彩人生。

（2）着眼于培育"一个人完整的一生"

美籍华人作家林达在《我也有一个梦想》一书中说："教育是帮助一个孩子在未来的生活中，更成功地寻求自己的幸福，而不是为社会机器塑造一个合适的螺丝钉，一旦成了螺丝钉，有谁会关心'它们'的幸福呢?"教育的目的不是成就"螺丝钉"，而是成就一个人完整的一生。

教育要采取一种全人教育的方法，关注学生的长期发展，包括其个人、职业和社会角色。所以，我们既要放眼孩子的未来，也要立足孩子学习生活的当下。教育要关照孩子的现实生活，在教育实践中，我们要因材施教，为每个孩子设计个性化的学习路径。要发掘孩子不同的兴趣与能力，根据每个人不同的学习基础和学习能力，定制孩子的学习计划，进行一对一的生涯规划指导。

中国传统教育一直都非常注重着眼未来，所以自古以来，激励读书人的名言警句就有"书山有路勤为径，学海无涯苦作舟""宝剑锋从磨砺出，梅花香自苦寒来"等等，在培养的方式上也是注重寒窗苦读，所以有着"头悬梁，锥刺股""凿壁借光"等等典故。放眼未来，就是要心中有目标，朝着既定目标，奋不顾身，全力以赴。正因如此，我们在"让每个生命彰显价值"的理念指引下，锚定"培养新时代中华好少年"的育人目标，勠力同心，砥砺前行。

着眼目标来实施教育本来无可厚非，但在功利主义教育价值观的影响下，学校教育却往往发生了倾斜，容易忽视孩子的现实生活。认为教育为了更好地准备未来的生活，儿童必须牺牲现实生活的快乐，必须忍受当下的痛苦，从而忽视了孩子当下的生活，当下的学习体验。把"吃得苦中苦，方为人上人"作为孩子必须承受当下痛苦的借口，于是，现实的学校教育，从幼儿园到小学、中学乃至大学，从每一周到每一天乃至每一堂课，儿童都在为一个遥远的未来准备着，煎熬着。这种重未来轻现实的功利主义教育把丰富多彩的社会生活和独具特色的儿童文化堵截于学校的高墙之外，使儿童远离了快乐和幸福。

教育要关照孩子的现实生活，要求我们重新确立童年的意义，重新审视儿童期的价值。儿童期是个体生命周期的开始，不管你是否关注到，它就在那里客观存在着。在漫长的人类社会历史中，"儿童"的概念长时间地被埋没在漫无边际的黑暗中。经过文艺复兴和思想启蒙运动的洗礼，人们才逐渐发现了"儿童"。

关照孩子现实生活，要求教育从现实出发，使人的生活更美好。在现实和未来面前，很多家长和教师会以"为你好，为了你有一个美好的未来"的美好愿望，而忽略孩子当下面临的痛苦，给孩子的身心造成了极大的创伤。有时候，为了考入一所理想的名校，强迫孩子把所有时间都用在学习上，各种名义的补习班、竞赛班让孩子不堪重负，受教育过程成为一种痛苦的煎熬。

　　事实上，孩子成长过程中的每一分每一秒都是珍贵无比的，每一时刻的生命都是不可复制、不可重现的，所以，每一个教育的瞬间都值得被温柔对待，被悉心关怀。每个人的童年只有一次，所以，每一个教育的时刻都值得被温柔对待，每一个教育的细节都要时时处处体现出对生命的关照。在教育过程中，我们既要关注长远育人目标，也要关照"此时此刻此情此景""这一个人"的生命、人格和价值生成。

　　教育要还原孩子的本性，就要敞开学校大门，从社会现实生活中汲取有益的教育资源，使学校教育成为一种有意义的生活。卢梭很早就告诫世人："大自然希望儿童在成人以前就像儿童的样子……如果我们打乱了这个次序，我们就会造成一些早熟的果实，它们长得既不丰满也不甜美，而且很快就会腐烂，我们将造就一些年纪轻轻的博士和老态龙钟的儿童。"让教育回归孩子生活世界，让他们体验到孩子本应有的快乐和幸福，过一种孩子所特有的生活。

　　教育应时时处处都体现出对生命的呵护与关照，要尊重孩子的兴趣和需要，根据孩子的需要，改变知识的单向传递和灌输方式，让知识教育尊重现实生活，尊重孩子的个人知识和经验。为了更好地促进人的发展和完善，教育必须从人出发，从人的现实生活出发。教育要关照人，也就是关照人的现实生活。

　　（3）关照每一个生命个体

　　关照每一个生命个体是教育的重要使命，这要求教育工作者在设计教育活动时，要充分考虑到每个学生的独特性，包括他们的需求、兴趣和能力。要提供丰富多样、可供选择的课程，一对一定制化教学和个性化的增值评价，全面发展每一个人。

营造包容性的教育环境，通过无障碍设施，方便所有的孩子，包括有特殊需求的孩子也能享受到公平的教育资源，参与到学习与活动中。推广多元文化教育和尊重多样性的价值观，培养学生对不同背景和文化的理解和尊重。

关照每一个生命个体，就要把儿童还原为儿童，关照儿童现实生活。接受儿童存在的事实，俯下身子，以儿童的视角来看待儿童。儿童不是"小大人"，而是"有能力的主体"。所以，教育要尊重、发展儿童的独立自主性，并承认其发展的可能性，使之成为独立的人格，成为能动的主体去认识和变革自然和社会。我们平等看待儿童，把儿童视为有能力的、积极主动的权利主体，有权利主动发展自己，能表达自己的主张和意见，充分行使自己的权利。

二、"以人为本"的治理理念

治理概念首次提出是在世界银行 1989 年《撒哈拉以南的非洲：从危机到可持续增长》报告中。报告中认为，治理主要指国家治理，指国家对权力的配置与运作方式，属于政治学范畴。随后，此概念在国内外社会科学领域中得到广泛应用。

1995 年，全球治理委员会指出：治理是或公或私的个人和机构经营管理相同事务的诸多方式的总和。它是使相互冲突或不同的利益得以调和并且采取联合行动的持续的过程，它包括有权迫使人们服从的正式机构和规章制度，以及种种非正式安排，而凡此种种均由人民和机构或者同意、或者认为符合他们的利益而授予其权力。

美国教育家萨乔万尼（T·J·Sergiovanni）在《教育的治理与管理》（2002年）中首次提出了教育治理（Educational Governance）的概念。他认为，教育治理是政府、市场、学校、社会组织、公民个体等共同管理教育公共事务的活动。教育治理以多元参与去解决政府主体的过度行政化和市场主体的过度商业化问题，去对冲权力的僵化和资本的逐利对于教育的负面影响。

《中国教育现代化2035》要求"推进教育治理体系和治理能力现代化"。推进中小学治理现代化，激活学校教育细胞、释放中小学办学活力，是全面提高基础教育质量、办好人民满意教育的迫切要求。

北京师范大学褚宏启教授认为，学校在推进治理体系和治理能力现代化的进程中，人的现代化是关键。无独有偶，美国学者凯温（K.Lewin）认为，在组织变革中，人的变革是最重要的，组织要实施变革，首先必须改变组织成员的态度。

（一）从一元管理走向多元治理

"多元共治"是教育治理的基本特征和根本特征。由一元管理走向多元治理，不只是一个概念的区别，而是观念、思维方式及行动方式的一个大调整。从"一元管理"到"多元治理"，不只是管理范式的革新，更是教育思想的转变、治理理念的转型和学校治理方式的转型，是现代学校发展的新走向。

学校多元治理是对传统学校一元管理的一种超越，是教育管理民主化的集中体现，是教育管理的现代形态。一元管理往往是以科层制的特征呈现，带有浓郁的行政色彩。一元管理往往是一元主体，它往往是由一个"中心人物"发号施令，其他成员则执行接收到的指令，在管理者的监督下完成任务。

学校多元治理则往往是多元立体、平等互动、开放合作的，实施过程多为"双向"的民主协调，它能有效提升各主体的积极性和创造性。多元治理往往是多主体，通过协商交流互动的方式，依托于校长、教师、学生以及家长之间建立的信任和合作关系，共同参与治理学校事务。

多元治理，从主体多元的角度来看，它吸纳了教师、学生、家长和社会的参与，充分体现了学校治理中的民主管理。从协商共治的角度来看，学校治理过程中，它遵循互通互联的民主协商和公共对话的基本原则，使学校治理成为一个合作共治、公共参与的过程。

1. 管理与治理的联系与区别

在中国古代，治理和管理并没有严格的区分。所以，汉语里"治"有两种常见的意义：一是对人进行管理，如"劳心者治人"；二是对物进行处理，如"大禹治水"。

在现代政治学、经济学意义上，管理与治理却有着极大的差别，甚至是两个截然不同的概念，管理是管理学的概念，指自上而下地对事务进行管控，治理是伦理学的概念，强调多元主体对事务的合作共治。

在管理学上，管理是指管理者通过实施计划、组织、领导、协调、控制等职能来协调他人的活动，使他人同自己一起实现既定目标的活动过程。治理是指通过顺应事物天然的文理而整治，顺应其本身的能量动势趋向进行正向性的疏导，随圆就方，直能就曲，从而引导事物顺应先天客观规律而归正。

管理和治理的适用范围不同。管理适用于组织内部，管理与被管理的关系，治理的适用范围更广，它不仅限于组织内部，还涵盖了所有的利益相关者和工作领域内人员。

管理和治理的管理手段不同。管理使用行政权力，管理者由组织机构或人赋予权力，实施管理，它侧重于威权，管理上是自上而下的，实现个人和组织目标，实施管理的主体则是权利人。治理是多元主体对学校内部事务的共同治理和民主管理。治理是限制权力的使用，来源于共同遵守的协定或契约，侧重于各种机制相互作用，通过调动各种力量，激发多主体的活力，以保证所有利益相关者被公平对待。

管理和治理的思维本质不同。管理的思维本质是一种垂直化的权力结构，治理的思维本质是水平化的权力结构。从管理走向治理，也是思维本质从垂直化的权力结构到水平化的权力结构，这是一个飞跃。学校治理体系变革的价值基础是基于多元教育利益主体参与、共享的"善治"，构建基于合作的政府—学校—社会新型关系。治理的主体是利益相关方都参与，是一种多维度、多角度的融合行为过程。

管理和治理的管理方式不同。管理有很强的人为性、单向性、封闭性、控制性、约束性、垂直性。治理则重法治、循规律，要求政府、社区、家庭、教师与学生等主体共同参与办学，并以新的约束机制和激励机制优化制度结构，激发内生动力，增强主体互动，在多元主体和谐共建的前提下达成学校与社会、政府间的良好合作，进而实现善治愿景。

管理和治理的目标和重点不同。管理的目标是单个利益主题的效率和效果，治理则是不同利益主体之间的公平正义。管理的重点是确保单方利益，为了实现组织或人的目标，运作模式是单向的、强制的、刚性的。治理的重点是协调多方利益，利益相关者都参与其中，实施管理的主体是权利人，治理的运作模式是复合的、合作的、包容的。

2. 从管理向治理的转型

面对日益复杂、需求愈发多元的现代社会事务，传统市场体制下的"统治""官僚""自由市场"等管理模式在许多领域面临失效的危机，20世纪90年代提出了治理理论，以弥补单一的市场或政府管理所带来的局限性。

从某种意义上说，治理是对管理的超越。

管理的主体和客体是分离的，管理者是主体，被管理者是客体；管理者是主动的，被管理者是从动的。管理的关键是控制，它是主体对客体的组织、领导、控制等活动，以期有效实现特定的目标。

治理的主体和客体是有交集的，治理的主体是人或组织，治理的客体和对象，还包括治理者自己。治理的过程是全体成员一起共同参与的实现共同目标的过程，治理不仅仅是管理者在管，而且是大家一起在管。

治理的关键就在激活。激活治理主体的生命自觉，让教师和学生充分参与到学校的治理中来，在分权共治的过程中培养自主性、自觉性和领导力。当所有师生都成为学校的治理主体，并找到参与学校治理的乐趣和价值时，学校就展现出师生创造性学习和创新发展的无限活力。

《北京市十一学校行动纲要》也曾经提出："管理的用力必须很轻，领导者只有让教师成为自己的 CEO，教育的生态才会形成。""让更多优秀教师参与学校管理，让更多的事情通过协商、协调和协作的方式解决。"学生要"主动锻造自己的领导能力。谦逊而有韧性，质朴而无畏，能在不同的团队中找到自己的位置，承担相应的责任"。①

从管理走向治理，首先，主体发生转变，从单一管理者的管理转变为多元主体间的合作共治。其次，方式发生转变，从管理者单一的依靠自身的权力对组织的事务进行部署、控制，转变为多元主体间对话、协商、互动的合作过程。再次，目标发生转变，从强调效率和效益、维持秩序，转变为实现公共利益的最大化、长远化。

从管理走向治理，学校的相关利益主体通过建立现代学校制度，确立学校办学章程，建立学校章程统领下的学校制度体系，

---

① 北京市十一学校行动纲要［M］//沈祖芸. 变革的方法. 北京：新星出版社，2023：285-294.

明确学校发展愿景，制定学校发展规划，建立自评机制，通过多元主体的民主共治、协商对话、相互协调，实现学校共同目标，使师生都得到不同程度的发展与提升。

3. 现代化的基础教育治理

2014 年，教育部前部长袁贵仁在全国教育工作会议上的讲话中提出："加快推进教育治理体系和治理能力现代化，把教育治理现代化作为教育综合改革的总目标和总要求，从教育管理走向教育治理以及把学校作为教育治理现代化的基本立足点。"推进现代化的基础教育治理，这是新时代教育改革和发展的战略举措和重大命题，也是建设社会主义现代化教育强国的重要途径和核心任务。

作为一种教育管理的新趋势，现代化的基础教育治理试图通过各利益相关者的互动、合作，来共同治理教育事务。教育治理现代化，从本质上说，是教育权力的科学配置及有效行使。推进中小学治理现代化，必须明晰政府、学校的权责边界，处理好政府办学主体责任和学校办学主体地位之间的关系。

治理关键在于多元主体参与，体现民主性，保障科学性。北京师范大学褚宏启教授曾指出治理的"善治"模式，也有学者提出市场调节的"公司治理"模式，无论哪种模式，治理都要遵循以"公共性"为价值基础，行为上主要体现在治理主体的多元共商、治理目标的正义性和治理服务提供范围的整体性和全面性。

现代化的基础教育治理，主要包含三个层级：宏观层面的政府管理，中观层面的学校管理和微观层面的班级管理。于学校而言，关键是要保障学校的办学自主权，扩大和保障教师的专业自主权、学生的学习自主权。通过政府一次分权、学校二次分权、班级三次分权，切实为学校、教师、学生减负，让自主带来自由，带来活力，带来学校、教师、学生更好的发展。

（1）宏观政府层面的教育治理

从宏观层面来看，以政府为主导，所提出的教育治理，强调的是政府、社会、学校、个人对学校公共事务的共同治理，以政府来推动多元主体的协商、合作、共治，这是在政府宏观指导、统筹规划下的多元主体的合作共治，是中国治理体系的特色。2020年，教育部等八部门联合发布的《关于进一步激发中小学办学活力的若干意见》提出，深化教育"放管服"改革，落实中小学办学主体地位，主要解决政府对学校管得太多、干扰太多、激励不够、保障不够等突出问题。

保障学校办学自主权，最大的办学自主权，是课程设置和课程实施的自主权。学校要落实课程设置和实施的主体责任，在教育实践中，要结合学校实际和学生实际，科学构建基于学校办学理念和特色的校本课程。同时，学校在遵循学科教学规律的基础上，自主安排教学计划、自主运用教学方式、自主组织研训活动、自主实施教学评价、自主统筹实施跨学科综合性主题教学。这五大自主权无疑是教师在积极推进教育教学改革，在专业领域自主治学方面的有力保障。

扩大人事工作自主权，确保学校用人自主权。为进一步激活学校办学自主权，要扩大学校在副校长聘任中的参与权和选择权，由学校按规定的条件和程序，提名、考察、聘任副校长。学校根据办学实际需要，按照精简效能的原则，自主设置内设机构，自主择优选聘中层干部。在教师招聘上，基于学校更大的自主权，由学校进行面试和试讲。在职称评审和岗位聘任上，按照核定的岗位设置方案，中初级职称和岗位由具备条件的学校依据标准自主评聘，高级职称和岗位按照管理权限由学校推荐或聘用。

落实经费使用自主权，加大学校经费使用自主权。对于公用经费，优先保障教育教学需要，确保学校有效使用、正常运转。学校按照预算管理有关规定和学校发展实际需要，自主提出年度预算建议，自主执行批准的预算项目，对预算资金进行全过程绩效管理。

目前基础教育治理存在的突出问题主要表现为：政府对区域教育事务管得过多，学校缺少办学活力，学校、教师、学生、家长、社会组织、社区等主体对于区域层面的教育决策参与不够。而这一问题的解决，就需要政府的统筹。

目前学界认为基础教育治理的主要内容有"四治"：多元共治、学校自治、政府元治理、厉行法治，这四治是一个有机统一的整体。政府首先要解决的是给学校放权，激发学校办学自主权，这就需要限制政府行政权力。政府向学校分权，给学校下放必要的事权、财权、人权等，使学校成为自主办学的主体，拥有办学自主权。

为了保证多元主体拥有平等表达诉求的机会，尤其是保证利益相关者和弱势群体的充分参与，在不同的决策中，政府要承担元治理的角色，制定程序性规则，规定参与的主体资格、决策程序、决策方式等，使多元共治能够操作运行起来。

政府在吸纳学校、企业（市场主体）、社会组织、个人等多元主体，参与政府教育决策的过程中，为了避免多主体在商议决策时，可能会出现的议而不决、效率低下、推诿扯皮等问题，需要政府担任元治理角色，在多元主体中站出来充当多元治理的发起人、推动者、引领者，并对治理的结果负责。

政府担任元治理的角色，还在于政府要对多元主体的利益进行整合，维护共同利益，并对教育治理的结果负总责，对相关主体的不尽责行为进行问责。

（2）中观学校层面的教育治理

从中观层面来看，以学校为主导，所倡导的教育治理，更多聚焦于学校发展中最核心的力量——教师、学生和家长，所以，要调动和激发广大教师、学生和家长的积极性、创造性，充分发挥他们在学校建设中的主人翁作用。

在学校管理中，可能会存在行政化倾向严重，学校对师生管得过多，师生、家长、社区等主体参与不足，校长独断专行、作风霸道等现象，这是"人治"的表现。要杜绝"人治"，学校就要构建以各方主体和利益相关者为基准的多元主体治理模式，形成多元主体共同治理格局，更好地发挥教育政策制定者、学校教师、学生、家长以及社会的治理主体性，提升学校组织管理的公共性、民主性和法治性。

在政府向学校放权，保障学校办学自主权之后，学校层面进行"二次分权"，保障各处室、年级组、学科组、教研组、社团组织、教职工代表大会、学生代表大会、学术委员会、家长委员会、学生会等独立行使各自的权力。这样一来，就能有效保障党组织的全面领导权、专家治学的学术自治权、教职工民主管理权、学生自主参与权、家长社会民主监督权的运行，形成具有开放性、联动性、包容性的学校新生态。

具体来说，就是减少学校行政权力对于教育教学等专业事务的过多干涉和不当干预，扩大年级组、学科组、教师的管理和学术权力，增进学校办学的专业性，教师治学的自主性，使教代会、学代会、学生会、家委会等真正成为代表和维护师生利益的代言，提升学校管理的民主化水平。

2019年，中共中央办公厅、国务院办公厅印发《关于减轻中小学教师负担进一步营造教育教学良好环境的若干意见》。其中，统筹规范了督查检查评比考核事项、社会事务进校园、精简相关报表填写工作、抽调借用中小学教师事宜等四个方面内容，切实减轻中小学教师负担。学校现代化治理的核心就是要解放教师，把教师还给学生，让教师回归教学本位，让教师拥有我国教师法所规定的教育教学权、科学研究权、学生管理权三项权利等专业自主权。

在学校层面，学校党组织要担当元治理的角色，学校党组织是学校层面多元共治的设计者、发起者、推动者，党组织要整合其他各大主体的利益诉求，统筹规划学校发展和全校工作，解决治理中的碎片化问题，并对学校治理的效果进行评估与问责。

《中国教育现代化2035》中，要求建立社会参与学校管理机制，鼓励学校开放办学，努力形成家长、社区、行业协会等共同参与学校治理的格局。学校吸纳师生、家长、社区、专业组织等多元主体参与学校决策。学校的多元共治意味着必须在遵循政府宏观指导的基础上，满足教师、学生、家长以及社会公众等多元主体的公共诉求，形成为不同群体提供教育公共服务的行动体系和参与体系。

（3）微观班级层面的教育治理

从微观层面来看，以班级为主导，所倡导的教育治理，更多地深入到学生成长的班级生活。在班级管理中，可能会出现班主任管得过多、过死，甚至可能会出现独断专行，学生的自由、自主、自治严重匮乏。而科任教师、家长、学生对班级事务参与不足，时间一长，容易造成他们对班级事务不关心、漠然。

班级事务细微，但又是最重要的，因为它切实关系到学生日常每一天的学习和生活。为了更好地保障学生的权益，班级层面的决策尤其需要多元主体的参与，尤其是利益相关方的参与。例如：推选班干部、学生评优评先、安排座位，拟定班级公约、制定班级活动计划，产生家委会的程序与规则、开会的决策程序等，这些都不能由班主任个人说了算，需要任课教师、学生和家长的共同参与。

在班级层面，我们要进行"三次分权"，把教师所拥有的班级管理权，再次下放给相关主体，充分保障学生的学习自主权。

当前，基础教育阶段，学生的学业负担繁重，全面发展、个性发展严重不足，学生的法定权益甚至连基本的人权，如休息权都很难得到保障。我们要充分尊重和保护学生的学习自主权，就需要限制学校、教师和家长的权力，减少他们布置的过量、重复性作业，减少他们施加的过度、苛刻的管理，尤其要防止个别班主任滥用权力对学生造成身体和心理的伤害。

在班级层面，班主任要担当元治理角色，有序有效推进班级民主管理。为确保学生、家长、科任教师等主体充分表达各自利益诉求，班主任要承担起主导设计班级多元共治的制度与平台的责任，并牵头组织各项工作。

在家长间、学生间、任课教师间的利益出现分歧时，本着"学生利益最大化"的原则，充分保护学生的合法权益和长远利益，整合各方意见建议与诉求，统筹规划班级工作。在家校协同育人方面，班主任起到"穿针引线"、架设桥梁的作用，有效组织各项工作的开展，并最终对班级层面的教育治理效果进行评估，在职权范围内对家长、学生的不尽责行为予以问责。

4. 多元共治的学校治理

北京师范大学褚宏启教授认为，教育治理就是教育依据教育管理制度，提升国家教育机关、社会力量以及个体等利益相关群体间的合作，实现多元主体间的协同治理。学校以党组织委员会为核心，校长办公会、教职工代表大会、学术委员会、学生代表大会和家长委员会等六大主体多元治理、民主共商。

学校六大治理主体，各司其职，各尽其责，分权运行。学校党组织委员会履行"把方向、管大局、做决策、抓班子、带队伍和保落实"的职责，实施全面领导。校长办公会履行落实党组织会议决策，并科学决策学校行政管理事项的职责。教职工代表大会依法参与民主管理、民主监督，审议与教职工切身利益相关的重大改革、重大事项。学术委员会评议、决策学术问题，指导建设教研平台与科研团队。学生代表大会享有与切身利益相关事项的部分决策权。家长委员会享有知情权、建议权和与学生切身利益相关事项的部分决策权。

实行多元共治以后，在学校层面，学校管理不再仅仅是少数领导的事情，而是大家的事情，它充分调动了教师、学生和家长参与学校事务的积极性和创造性，师生以主人翁的姿态积极参与学校发展与建设，创造了一种"人人都是领导者"的良好教育生态。在社会层面，它有效理顺了政校关系、家校关系，有效保障学校办学自主权，激发了办学自主权，家长和社会各界充分发挥正向作用，监督和支持学校的发展，营造了协同育人的良好环境。

（二）从监控型管理走向激励型领导

在传统学校，管理的核心工作就是"控制人"和"监督人"，管理的方式是监控型，管理的主体往往比较单一，属于一元主体。管理价值也往往注重功利性，其主要价值取向是质量绩效，即上级教育行政部门或监管组织对学校的绩效考核，家长对学校教育质量的评价，社会对学校办学质量的评价等。管理方式也比较简单粗暴，大多采用指令式文件或通知提出教育教学要求、开会布置推进教育教学工作、解决学校出现的问题，检查评比反馈教师工作情况和学生学习情况等。管理的理念往往是"重管事，轻育人""重集权，轻民主""重结果，轻过程"。

管控型领导通过日常管理动作，构建严密的管理框架，如：业务规范、业务流程及管理制度等，严格控制风险及不合规行为。这种管理更多的是一种监督者的角色，它极力控制成本、控制编制、控制任何不合规的行为等。

在这种管理文化的影响下，学校管理者常常紧盯下属的缺点，眼里容不得半点沙子，哪怕这与工作毫无关系。学校管理者与教师的沟通往往是单向度的，自上而下的，教师听从学校各项工作安排。这种管理文化下的师生关系，往往很紧张，甚至出现信任危机，教师对学生信任不足，认为学生没有责任感、缺乏纪律观念、不思进取，必须通过比较严密和严格的组织纪律加以控制，只有听从老师教导才是好学生。

然而，管理并非反人性的，而恰恰是基于人性的。以人为本的管理，就是要把人回归到人性的本位。在中国古代，儒家一直倡导"善治"思想，从治理目的、主体和方式三个层面提出治理的"善"。一是治理"目的的善"，即以"在明明德，在亲民，在止于至善"为最终目标，二是治理"主体的善"，即管理者本身要有"仁爱""亲民"的美德，三是治理"方式的善"，即实施"仁政"，注重以德教人，以德化人。

人不是机器，机器最大的优势是可以简单、重复工作，而人最大的特点是重复单一工作会产生疲惫。所以，人的自主性、情感在得到基本保障后，再来谈工作效率。当人可以自己掌握节奏和速度时，不仅注意力延长，效率也有所提升。人是在被需要、被欣赏、被认同的过程中体现自我价值，释放出内在的激情和快乐。人需要归属感，在工作中获得友谊，与同事一起探讨、交流、学习，一起工作的过程本身成为一种享受，很多人喜欢工作，其实是喜欢工作的过程。

1. 从管理走向领导

管理机器可以用控制的方法，控制可以让机器更好地服务，计算机程序就是最好的榜样。但是对待人，用控制的方法却往往事与愿违。因为人是有情感的，人是会变化的。尤其在学校，面对一群有思想、有文化、有情绪的知识分子，我们不能像对待计算机一样，往每一个人的脑子里输入一套标准的程序，然后让他们去工作。

作家瑞·达利欧说："我的终极目标，是创建一部运转得极好的机器，我只需在一旁，坐看美好的事情发生。但是，这真的是一种超现实的理想！我们真的期望这样美好的事情能够在现实生活中发生。"管理的目的不是管控，而是激发。所以，我们要转化观念，要激发人的善意，激发人的能量，激发人的创造性。

（1）管理与领导的不同

管理是一门科学，更是一门艺术。哈佛商学院教授约翰·科特曾经说过："管理者试图控制事物，甚至控制人，但领导人却努力解放人与能量。"管理指的是控制一个群体，以达成一个目标。领导指的是一个人影响、激励和帮助他人，为组织做出贡献，通过引领方向和激发团队活力，最终实现组织目标。

管理是通过计划、组织和控制等手段，控制他人，以达成目标。所以，管理最重要的任务就是通过制度和流程来监控过程，通过规划、组织、指挥、协调和控制，以确保团队"把事情做对"。领导是通过关注长远发展和整体战略来引领方向，通过个人的魅力和影响力来激发团队成员的潜能，引领方向更注重做决策，要"做对的事"，激发团队成员更强调沟通能力、创新能力和激励能力。

如果说管理侧重技术和手段，侧重过程和方法，那么领导侧重人文和目的，侧重结果和艺术。管理者在解决问题时需要有一个能力系统的彻底重构，在走上管理岗位之前，遇到问题，考验的是自己动手去解决问题的能力，走上管理岗位，成为管理者后，遇到问题，则需要将问题的目标和指标进行抽象化，并且传达要求，通过监督别人解决问题。

管理者要想成为领导者，要在管理过程中体现"以人为本"，注重发挥人的积极因素，时刻以个人能力魅力来影响下属，通过理解、共情与信任，积极调动下属的积极性，实现价值引领，以凝聚人心。

激励型领导是不断激发和调动团队工作积极性。所有的管理动作都以激励的形式落地，想方设法地激励和调动团队积极性，注重用人之长，鼓舞或充分调动其内在积极性，让其把个人优势最大化地发挥出来。通过好的绩效激励、好的团队及不断升华的业务核心竞争力，去实现组织目标，最后的结果也往往会呈现出一派欣欣向荣的景象，业务蒸蒸日上，团队士气高涨。

（2）管理者与领导者的不同

管理者注重计算价值，而领导者侧重创造价值。管理的工作是计划与预算、组织及配置人员、控制并解决问题，其目的是建立秩序。领导的工作是确定方向、整合相关者、激励和鼓舞员工，其目的是产生变革。领导通常关注意义和价值，关注所要达到的目标是否正确，是否值得。

管理者重做事，以事务流程，控制下属。领导者重做人，以能力魅力，影响下属。领导者考虑的是战略问题，需要基于更高的维度，做出正确的决策。如果说领导者重决策，重视"做对的事情"，那管理者就是重执行，重视在决策之下，"把事情做对"。

管理者依赖于控制、监督下属，提高下属的工作效率，注重权力作用，有自己的权力圈子。领导者依赖于培植信任，关注做人、关注人的尊严、人的价值、人的潜能、人的激励和发展。领导者采取分权赋能激励的方式调动下属的积极性，注重价值引领，以个人魅力、个人影响力激励组织成员，领导者拥有的是影响力圈子。

在一个领导者带领的组织中，走在前面的往往是领导者，他通过个人魅力，引领带动成员，共赴目标。在一个管理者带领的组织中，管理者则往往是走在队伍中或者队尾的人，他往往是挥动了小鞭子，不断监管、控制着其他成员，他采取的手段一般是奖优罚劣。

管理者的协作网络更多的是下属，比较局部，对于下属，管理者拥有直接的权力。领导者的协作网络更大，比较全局，需要考虑更多的是合作伙伴，是客户，领导者没有直接的权力。领导者的领导力，主要是影响力，它来自于对各方利益诉求的把握和协同，还来自于个人的魅力。

管理者的管理力，主要是赏罚的权力。赏罚的权力只对下属有用，只能作用在内部。领导者的影响力，可以作用在全局。它可以通过树立愿景、价值观，让团队成员彼此激励，共同朝一个目标前进，以此来让团队产生向心力。

管理者看重中短期目标，追求方法效率，管理者的目标就在于带领大家，按部就班，做好当前工作，尽可能用正确的方法、更强的战术，跑得更快，效率更高，不走弯路。管理者注重战必胜，攻必克，使命必达。领导者着眼长远目标，追求最终效果，领导者的目标是推动组织发展，促进组织变革，不拘一格，重视创新。领导者注重做好战略部署，他不在乎一城一池的得失，着眼于最大限度地取得终局的胜利。

管理者在管理过程中，只是在计算员工创造的价值，但没有增加价值。领导者创造的价值超过了团队创造的价值，并且追随他的员工也都是价值创造者。

（3）从管理者到领导者的转型

从管理者到领导者，需要角色转变，在能力和自身要求方面要有新的调整，而这都是可以后天习得的。从管理者走向领导者，我们要实现以下转变：从关注事到关注人，从逼结果到促结果，从管控到激发，从短期获利至上到坚持长期主义。

作为一名优秀的管理者，既要管控，也要激发；既不能管控不足、管不住风险，也不要管控过度，失去了灵性，忘记了管控的目的与初衷。总之，管控是手段，激发是目的。把人管死容易，把人激活困难。

德鲁克曾经说过："管理者要做的是激发和释放人本身固有的潜能，创造价值，为他人谋福祉。这就是管理的本质。"真正的激励来自于工作本身。管理不是控制，而是释放。真正好的管理是释放人性中本来就有的善意。"凡是没有明确规定不准做的，你都可以尝试！"这种信任的力量，往往能够激发人内在的责任感。

领导者要改变管理方式，从管控到激发，多一点激发，少一点管控，这是新时代的挑战和要求。如何激发每一个人的潜能，发挥每一个人的天赋，让多元化的人才为组织创造价值，这才是领导的意义所在。

（4）治理视域下的校长角色转变

治理视域下，校长也从原来的管理的主体，转变为多主体协同共治中的一员，那么，角色也必将发生转变。

原有的管理模式变了，校长不再是运用权力，组织学校日常教育活动，维持学校正常教学，解决学校运转问题。他需要用更多的时间和精力，去统筹规划学校的发展，综合分析学校内外信息，确定、贯彻学校的使命、愿景和价值观，对学校的发展做出战略谋划、部署和资源配置。

校长在管理过程中，不再运用手中的权力，发号施令，要求大家必须遵从，而是引领众人在教育现场中发现问题，分析问题，探求规律，寻找最终解决方案。在引导凝聚干部教师的力量和智慧的过程中，校长作为治理主体中平等的一员，与大家一起在学校发展与建设中共商大计。

在学校治理中，校长从以前的制度规则的制定者，转变为执行者。与广大教师一样，校长实现了与教师真正意义上的平等，因此，校长要以身作则，带头落实每一项制度。

2. 基于人性的学校管理

管理学大师德鲁克曾经说过："当员工缺少努力的诱因时，一个最大的可能就是，员工看不到或者看不清他们的努力与绩效评估，和所受到的奖励之间的关系。"

管理最大的挑战不是管人，而是管理人性。我们不能无视人性的存在，不能忽略人性，而是要懂人性，尊重人性，顺着人性做事，这样才能凝聚人心，激发人的潜力，从而达到管理人性的效果。

人性中都有被尊重的需求，要视人为人，不要把教师当成是工作的机器，要把他看成有血有肉的人，尊重他，平等地看待他。因此，学校管理中，如何基于人性，尊重人性，从而管理人性，就要从识人心、懂人性开始，再逐步顺应人性，去开发潜能，激励赋能，从而提升管理效能。

（1）识人心、懂人性，尊重人性

人是一个复杂的动物，每个人又都各不相同。所以，人才的甄别选择比培养重要。如果在甄别选择环节出错了，选出的人不但没有培养价值，还会浪费影响发展的机会成本。迅速准确识别人才，是每一个管理者的基本功。人才的甄别选择，不仅仅是指过第一道入职门槛，在后期实际工作面临岗位调整和具体分工时，它仍然很重要。做管理的第一件事，就是知道人性的弱点和人性的闪光点，要识人心，懂人性。

良好的外在形象、优秀的学历背景、丰富的工作经验和有过往辉煌业绩都可以证明我们的工作能力，这些往往是管理者最容易看到，也容易看重的因素。事实上，现实生活中很难有类似的全面优秀的人才，只有匹配岗位需求的最合适的人才。

管理中要尊重人性，就是要让管理中体现人性的关怀。随着一个人岗位的变化，职位的升迁，人心常常会变化，而人性是永远不会变的。人性中最基本的一条，在职业发展初期，人们往往是为自己工作，所以，管理中的人性关怀，就是要充分考虑他们需要什么，给他们搭建什么样的发展平台，提供什么样的成长机会。

华为创始人任正非说过："绝不让雷锋吃亏，奉献者定当得到合理的回报。"这就是管理中的人性，当员工干得好时，要及时奖优罚劣、论功行赏。激励员工，就要激励到员工心坎上。要了解清楚每个员工的需求，根据具体表现给予最适切最需要的激励。

对于教师来说，除了薪酬、奖金奖励外，最好的奖励就是给予其成长的发展空间。给教师搭建交流分享的平台，提供成长和发展的机会，创造各种学习培训，自我提升的机会，同时，还要让教师看到美好的未来，打通专业成长和行政管理等领域上升的通道，让教师能看到晋升的机会。

（2）聚人心、重激励，管理人性

凝聚人心，通过描绘能激发人心、让大家为之兴奋的愿景，激励全体教职员工朝着目标去奋斗，这是校长核心能力中最重要的战略引领力。以愿景、使命和价值观，共启目标，这是典型的管理人性的策略。校长通过共启愿景，找到团队共同的美好未来，使命驱动来凝聚人心。

学校是知识分子聚集的场所，欣赏和期待是学校管理中最好的催化剂。学校要欣赏教师，要始终对教师保持"期待"的态度。根据马斯洛需求层次理论，每个人都有被欣赏、被尊重的需求。

教育不是一种单向的传递，而是一种双向、共同构建的过程。心理学也有个"罗森塔尔效应"，大意是说，当你看下属不顺眼时，往往是越看越不顺眼，越看毛病越多。等过一段时间后，他可能就真的越来越差了。相反，如果你真心地欣赏、肯定某个下属时，他可能真的就越来越出类拔萃，最后成为你期望中的人。

在学校管理中，要改变过去那种"我讲你听，我说你做"的被动执行模式，要把教师们的参与意识充分调动起来。然而，教师的潜力不是通过管理和限制可以完全激发的。相反，要真正激发教师的潜力，就需要人性化管理方法。

3. 激励赋能的管理内核

激活"人"，把人的因素放到中心位置，激发其高度自驱力，让校园里每一个人都成为领导者，激发学校发展内生力。

好的学校管理，就是要使每个人都成为教育教学的推动者。学校迭代了管理理念，以人为本，将激励赋能作为管理的核心要义。激励赋能的魅力就在于，它是把人的因素放到中心位置，将激励人、成就人作为教育者的使命。

学校以"激励·赋能"为目标，构建了"选用管评"全链条式干部成长体系，落实了"唤醒+激活"的教师成长机制，以"悦纳+激发"作为学生成长行动指南，通过层层激励，赋能干部、教师和学生，实现治理效能最终导向学生中心。

（1）"选用管评"全链条式成长体系，赋能干部

干部队伍是学校变革的中坚力量，干部的激励赋能是学校管理变革最重要的一环。学校在干部选、用、管、评的每一个环节，都把"激励人、成就人"放在首要位置，从"人"的关键因素上不断持续发力。

在干部的选拔上，健全"用其所长"的干部选拔机制。著名管理学大师德鲁克说过，领导者的主要工作是识人和用人，关键就在于要用人所长，使其充分释放潜能。学校建立竞争上岗和干部岗位退出机制，通过双向聘任激活干部。每学年干部在管理岗位间做"双选式"调整，学校根据实际需要选择合适的干部到关键岗位，干部也通过自我审视，选择在适合的喜欢的岗位工作，激发干部的积极性和创造性。

在干部的使用上，建立"分权授权"的干部使用机制。学校以"激励赋能"为总目标，在干部使用过程中，按照干部岗位职责，依岗依责分权，通过权力下放，将责任压实到基层；在领导不在或其他特殊情况下，基于"尊重与信任"，按照最适配的原则，依法依规授权，将部分解决问题、处理业务的权力委任给下一级干部，充分信任下属，提供充分锻炼机会，给予干部试错的机会和犯错的空间，保障学校组织机构高质量、高效能运转。

在干部的管理与培养上，完善"严管厚爱"的干部管理机制。学校一体化推进素质培养、知事识人、选拔任用、从严管理、正向激励"五大体系"建设，确立干部培养管理的科学路径。坚持严管与厚爱结合、激励与约束并重，完善从严管理、全过程监督的干部管理制度，健全干部担当作为的激励保护机制，提振干部队伍干事创业的精气神。建立激励赋能机制、容错纠错机制、培养帮扶机制和责任倒查机制，对干部进行科学管理。建立干部思想政治状况定期分析制度，及时研判干部政治表现、思想动态。健全干部谈心谈话制度，有针对性地加强教育引导，确保干部政治信仰不变、政治方向不偏、政治立场不移。

在干部的考核评价上，实施"自我价值"的干部评价机制。围绕实现"自我价值"，通过定期干部述职、群众满意度测评和一对一专业诊断指导等措施，动态掌握履职表现，激励干部俯下身子真干事、干实事。坚持"看到人"与"抓住事"有机融合，看实事、看实情、看实绩，注重在工作一线了解干部的干事状态，掌握干部干了什么事、干了多少事、干的事群众认可度和好评率。完善干部考核评价体系，引导干部树立和践行正确的政绩观，推动干部能上能下、能进能出，形成能者上、优者奖，庸者下、劣者汰的良好局面。对于业绩突出的干部大力表彰，对履职不力的干部开展批评教育或诫勉谈话，对不适宜担任现职的干部进行调整，激发干部干事创业的热情。

（2）"唤醒+激活"成长机制，唤醒教师

为了进一步激活教师，学校全面落实"唤醒+激活"的教师成长机制，以提供足够行动的支持，帮助教师建立有效的思维方式和行动策略，打造一支幸福着且能传递幸福、有价值且能创造价值的师德高尚的教师队伍。

一个人，最低级的欲望是利益，最高级的欲望是梦想。一旦点燃了他的梦想，就会激发他巨大的潜能。所以，学校管理者要去善于挖掘教师的需求，将教师的需求和团队的需求结合在一起，描绘共同的梦想。

学校加强价值引领，树立正确的价值导向，营造一个好教师健康成长、脱颖而出的良好发展环境，让每一位拥有丰盈知识、智慧和高尚品德修养的教师，在"被爱"中去言传身教，潜移转化，传递"爱心"，让学生感受到世界的美好、奋斗的价值和人间的温情。

帮助教师专业成长是教师成长机制的关键。这需要学校层面进行自上而下的顶层设计，建构教师成长"五阶梯"图谱，指导教师做好职业成长规划。借鉴德雷福斯模型职业成长的五个阶段，学校指导不同发展阶段的教师做好职业成长规划，建构了教师专业成长"五阶梯"图谱。

学校立足校本研修，向内生长，构建"一训两研三反思"校本研修模式，为教师专业成长提供"着力点""发展点""契合点""增长点"，使老师能够在专业领域拥有足够的营养，以保持旺盛的生命力。创造一个可以不断学习新技能、新知识的工作环境，让教师持续学习，避免他们知识透支，同时鼓励教师在工作环境中不断释放自己的经验和知识。培育和提升教师的专业精神和奉献精神，激发教师的专业荣誉感和内驱力，从"要我做"变为"我要做"。

学校一手抓校内研修，一手向外借力，搭建研修平台。依托国家级和市级高端资源，聘请专家学者担任学校学科首席顾问，为师生成长积极搭台，以展示促提升，让教师学有所长，脱颖而出。给教师提供锻炼和展示的机会，特别是承担新任务和有挑战性的工作以证明自己的能力。引领教师依托个人成长自评和课堂观察，进行自我诊断，以评促改，不断唤醒、激活、赋能、提升。

（3）"悦纳+激发"成长指南，激活学生

教育是一个互动的过程，如果不能让受教育的一方真正进入角色，没有他们自己的体验、感悟和内化，教育里就没有成长。学生管理中要充分发挥学生自我教育的主体地位，这也是学校管理中最难打通的"最后一公里"。学校以学生立场贯穿教育教学全过程，以"悦纳+激发"作为学生成长行动指南。

以人为本、以情感人，关心学生的成人成才。教师更加深刻地理解"教育的所有秘密就是尊重"，与学生交心结友，从而精准教育和引导学生。主张尊重差异，平等对待每一个学生，积极帮助孩子寻找其闪光点，激发潜能，同时，悦纳学生，包容他的错误，教师不断反思，及时调整，以学生为中心，因材施教。

学校成立学代会、少代会，搭建学生参与学校管理的平台，给学生提供进入社会前体验，参与学校管理事务的机会，在涉及切身利益的事项中，引导学生建言献策、积极参与学校管理。吸纳学生参与学校建设与发展，拉近了学生与学校的距离，使学生明晰了学校的发展与自身息息相关。

通过校长面对面等形式召开座谈会，与部分学生面对面交流沟通，充分尊重、信任、欣赏、热爱学生，增进相互了解、理解，从而形成凝聚力、向心力，促进学生身心健康成长。教育只有真正走进学生的内心世界、全面了解学生，才能"因人而异、因人而宜"。

第二章

现代化的学校治理体系

学校治理是通过一定的组织结构，协调学校中的人和事的育人活动，是实现教育目标的过程。学校治理是现代教育发展的关键环节，涉及管理理念、体系和能力的现代化。

现代化学校通过构建"一核多元、民主共治"的治理结构，鼓励教师、家长、学生以及社区成员等多元主体参与学校管理，尤其是让利益相关者参与学校重大决策，共同推动教育事业的发展。

学校治理现代化的核心在于依法治教、综合改革和民主化管理。这要求学校在制定和完善学校规章制度时，既要遵循法律法规，也要体现教育规律和师生发展的需求。学校构建"一核多元、民主共治"的治理结构，通过有效的沟通机制、均衡的权力分配、"扁平、参与、协同"的治理体系和"科学、民主、监督"的治理机制，共同管理学校事务。

现代化学校治理注重决策过程的透明度、治理过程的依法依规、实施过程的有效监督和事后问责机制等，从治理结构到管理方式，再到教育理念和资源配置等各个方面，构建多层面、多维度的现代化学校治理体系。

一、"一核多元、民主共治"的治理结构

现代化学校"一核多元、民主共治"的治理结构是一种现代教育治理模式，强调在坚持党组织的领导下，多元主体民主参与、合作共治，共同推动学校治理体系和治理能力现代化。其核心在于实现党的领导与多方参与的有效结合，同时强调民主管理和共同治理。

"一核多元"是学校现代化治理的前提。"一核"是中小学校领导体制改革的关键，在大力推进党组织领导的校长负责制进程中，首先要充分保障党组织在学校治理中的核心地位。加强党对教育工作的全面领导是办好教育的根本保证，坚持为党育人、为国育才，保证党的教育方针和党中央决策部署在中小学校得到贯彻落实。"多元"是学校管理层、教师、学生、家长以及社会人士等多元主体，在党组织的领导下，通过教职工代表大会、学生会、家长委员会等各种形式参与到学校事务的管理和重大决策活动中。

"民主共治"是现代化学校治理的内核。共治并不必然带来善治，但没有共治必然没有善治，共治所具有的内在优势有助于达成善治。学校通过完善运行机制，有效保障党组织的全面领导权、校长自主治校的行政执行权、专家治学的学术自治权、教职工民主管理权、学生自主参与权和家长社会民主监督权，形成具

有开放性、联动性、包容性的学校新生态。

（一）"一核多元、民主共治"的治理结构

李希贵校长在《学校如何运转》一书中指出："在管理工作中，能用结构解决的问题，就不用制度；能用制度解决的问题，就不靠开会。"这句话体现了一个管理原则，即在解决问题时应优先考虑简单、直接且高效的手段。

事与愿违，很多传统学校的管理方式仍然是"文山会海"成常态，周例会、月总结会、各类专项工作布置会、各类迎检工作会等各种会议层出不穷。学校管理干部通过层层会议落实工作、统一思想、检查评价工作成为常态，导致学校管理效能低下，教师时间"碎片化"、工作"琐碎化"。教师们工作负担沉重，无法集中精力进行教育教学。造成这些现象的原因是多方面的，但是最主要的原因还是学校传统的组织结构与现代学校治理的新要求之间产生的供给矛盾。

在学校管理改革中，结构、制度和会议是解决学校问题的三种不同方式。如果一个问题可以通过调整或优化内部组织结构来解决，那么这种方式往往是最直接且成本最低的。在学校内部治理结构变革中，通过设立或调整部门来解决学校管理中的问题，就能避免不必要的复杂决策过程，确保工作以最有效率的方式自动流转和执行。

为了适应教育现代化的趋势，现代化学校亟需改善学校治理结构，增强学校的自主性和创新性，保障学校办学自主权，满足师生、家长和社会等利益相关者对教育的关切与期待，推进教育公平，推动社会参与。

2022年1月，中共中央办公厅印发《关于建立中小学校党组织领导的校长负责制的意见（试行）》，明确提出在中小学校实施党组织领导的校长负责制，这标志着中小学校领导体制改革正式启动。它是以学校党组织为领导核心，集党组织集体领导和校长行政负责两个优势为一体，在学校党组织的集体领导下充分发挥校长积极性，教职工、学生参与民主管理，家长、社会参与民主监督的一种分工明确、边界清晰的领导管理体制。

在中小学校党组织领导的校长负责制背景下，学校要加强党的全面领导，激活校长在党组织领导下依法依规对学校教育教学和行政工作实行有效管理，鼓励教职员工、学生和家长参与学校发展与建设，积极建言献策，参与决策学校事项。

1. 现代化学校治理中的六大治理主体

学校构建以党组织委员会为核心，校长办公会、教职工代表大会、学术委员会、学生代表大会和家长委员会这六大治理主体共同构成的"多元治理、民主共商"的治理结构。六大治理主体平等参与学校事务的管理与决策，承认各主体有权参与到学校事务管理与决策中来，这是对各主体参与权的基本尊重。

六大治理主体平等拥有参与权，不等于各主体的权力类型、属性、适用范围均等。平等不是均等，多元主体共治，是为了避免单一权力行使的无度和无效，平等是指各主体在知情、表达、参与层面的平等，但相关主体具体的权力类别及作用范围不尽相同。因此，现代化学校治理中，六大主体的职责权限需要学校章程将其法定化。

现代化学校治理中，法定化六大治理主体的职责权限，这是坚持和加强党的全面领导的必然要求。构建以党组织为核心，校长、师生、专家和家长共同参与、多元共治的治理结构，在学校章程的明确规定下，六大主体各司其职、协同合作，共同推动教育改革和发展，实现教育现代化的目标。

学校党组织在学校治理中起到领导核心作用，坚持党对教育工作的全面领导，确保教育事业正确发展方向。在党组织的领导下，其他各主体发挥各自优势，共同治理学校事务，促进学生全面发展。（图 2-1-1）

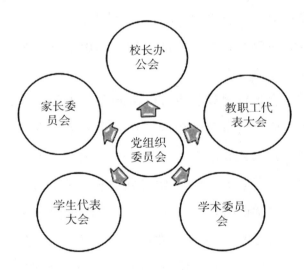

图 2-1-1 "一核多元"的治理主体

具体来讲，党组织委员会履行"把方向、管大局、做决策、抓班子、带队伍和保落实"的领导职责，有效实施学校党组织对学校工作的全面领导。加强党对中小学的全面领导，党组织要强化政治功能，加强对重大事项、重要问题的政治把关，学校党组织在学校起政治核心和组织领导作用。

校长办公会履行落实党组织会议决议，并科学决策学校行政管理事项的职责。校长办公会在校长负责制的框架下，来自各岗位的成员通过给校长提供多维度、多视角的智慧，让决策变得更科学、切实和有效。

教职工代表大会组织教职工依法参与学校的民主管理、民主监督，审议一些学校发展的重大事项以及与教职工切身利益相关的重大改革等。充分发挥教职工代表大会的作用，认真落实教职工代表大会或教职工全体会议制度，对学校重要工作进行审议、听取意见。这是学校教职工依法参加学校民主管理和民主监督的基本形式。

学术委员会负责评议、决策学术问题，指导建设教研平台与科研团队。主要负责审议学校的教育教学改革方案、学校教科研项目的立项等学术领导职责，彰显其学术组织领导力。

学生代表大会享有与学生切身利益相关事项的部分决策权。学生代表大会的常设机构是学生会，学生会是参与学校治理的重要主体，在事关学生切身利益的事项上，如有关学生的规章制度、奖惩办法、食堂管理、校服选用等，拥有一定的决策权。

建立家长委员会，完善家校协同育人机制。构建校级、年级和班级三级家长委员会，其中，校级委员会作为学校治理主体，主要参与学校重大事项的协商治理，家长委员会积极支持家庭、学校和社会协同共育工作，对学校发展和重大事项享有知情权、建议权，涉及与学生切身利益相关的事项，拥有部分决策权。

在党组织的领导下，让人民群众在事关个人发展的课程问题上有发言权、知情权、参与权和监督权，给学生发展更多的自主和多元选择机会，不能以教育的专业性为借口而忽视教育的公共性。

2. "一核多元、民主共治"的治理结构

学校的"一核多元、民主共治"治理结构是一个复杂的系统工程，"一核多元"指的是多元治理主体构成的治理格局，"民主共治"指的是多元主体共同参与学校事务过程中民主协商、民主决策和民主监督的过程。

学校通过中层处室下沉、年级组负责制，有效实施扁平化管理，管理方式从管控走向服务，服务不断升级迭代，向高质量的服务内容升级。决策过程是开放的、透明的，允许师生、家长和社会等各方利益相关者充分表达意见和参与讨论，倾听各方意见建议，凝聚力量办好学校。

学校建立健全科学、民主、监督的治理机制，从决策机制、共商机制和监督机制上，全面确保决策的合法性、公正性和有效性。实施多元化的民主管理和科学、民主、监督的治理机制，实现各方面利益相关者的广泛参与和共同治理，更好地推动学校工作，提升学校的综合实力和社会竞争力，为学校的长远发展奠定坚实的基础。

（二）党组织全面领导与校长自主治校的关系

党组织全面领导与校长自主治校是一个既能体现党的领导地位，又能保证学校管理专业性和灵活性的治理结构。党组织充分发挥政治引领作用，校长自主进行专业管理，这种治理结构有效凝聚党组织领导和校长自主治校的合力，有利于实现学校治理的科学化、民主化和法治化进程。

中小学校领导体制改革的核心是保障学校党组织的领导核心地位，而党组织的全面领导的目的是为了更好地推动校长自主治校、专业管理，因此，要集合党组织集体领导和校长自主负责的两大优势，充分发挥校长教育教学和行政管理的积极性，保障教职工、学生和家长积极参与民主管理学校事务的权力。因此，党组织和校长要做到分工明确、边界清晰，同时，相互配合，默契有度。

1. 巩固党组织的领导核心地位

党组织肩负着总揽全局、协调各方的领导核心作用。这里的领导主要包括四层意思：一是全局把控，牢牢掌握党对学校工作的领导权。二是政治引领，保证学校正确办学方向。三是思想建设，掌握学校思想政治工作主导权。四是协调关系，协调好与校长、党员、教师的关系，协调好与群团组织的关系，协调好党群关系。

党组织发挥领导核心作用。党组织要坚定地总揽全局，把方向、谋大局、定政策，保证学校全面落实党的教育方针，坚定正确的办学方向。同时，党组织要善于协调各方，调动方方面面的积极性、主动性和创造性，积极推动校长自主办学，激发学校办学活力。

当然，在新的改革背景下，党组织的领导在发挥总揽全局、协调各方时，也要注意把握好尺度，既不能从"总揽全局"变成"包揽一切"，也不能从"协调各方"变成"配合各方"。

（1）党组织总揽全局，协调各方

党组织领导的校长负责制视域下，党组织对学校工作的全面领导，主要体现在六大方面。

一是把方向。在规划发展、监督行政、推动教改、党的建设和协调社会力量等多个方面，党组织坚决落实党中央的决策部署，尤其是关于教育改革发展，履行办好中国特色社会主义教育的领导责任，牢牢把握办学正确政治方向。

二是管大局。在制定和执行学校发展规划、参与重大行政决策、领导学校党的建设、推动教育教学改革以及协调社会资源等多个方面，党组织总揽质量改革发展稳定全局，开展社会主义核心价值观教育，抓好学生德育工作，做好教职工思想政治工作和学校意识形态工作，加强师德师风建设和学校精神文明建设，推动形成良好校风、教风、学风。

三是做决策。在规划发展、行政决策、教改推动、思想政治工作、资源协调以及保障师生权益等多个方面，党组织讨论决定事关学校改革发展稳定及教育教学、行政管理中的"三重一大"事项，讨论决定学校章程等基本管理制度，讨论决定学校内部组织机构的设置及其负责人的人选。

四是抓班子。在领导班子建设、党风廉政建设、民主集中制实施、服务群众意识、领导能力提升以及作风建设等多个方面，党组织抓好班子建设，协助上级党组织做好干部教育管理监督等工作，做到总揽不包揽、分工不分家、放手不撒手，增进和维护班子团结。

五是带队伍。在师资建设、教育教学改革、和谐校园环境营造、服务群众意识强化、教师参与管理提升以及教师福利保障等方面，党组织严格落实党管干部原则，坚持正确用人导向，统筹抓好干部队伍的教育培训、选拔任用、作风养成、监督管理等，坚持党管人才原则，做好教师的培养、招聘、使用、管理、服务和职称评审、奖惩等。

六是保落实。在制定执行计划、建立考核机制、加强宣传引导、强化督促检查、优化资源配置以及提升执行能力等方面，党组织坚持全面从严治党，领导学校党的纪律检查工作，落实党风廉政建设主体责任，领导工会、共青团、妇女组织、少先队等群团组织和教职工大会，做好统一战线工作。

（2）党组织政治引领，思想建设

党组织对学校工作全面领导，这种领导还贯穿于学校工作的全过程。因此，党组织既要保证实行依法、科学、民主的决策，制定和执行正确的路线、方针、政策，又要做好党的组织工作和宣传教育工作，抓好干部队伍建设和人才队伍建设，充分发挥党员干部的先锋模范作用，保证党的路线方针政策得以全面落实。

党组织的领导作用要处理好加强党的领导与改善党的领导的

关系，加强是目的，改善是途径，以改善达到加强。要探索党的领导规律，适应形势发展和情况变化，不断完善领导体制和工作机制，改进领导方式，以科学的体制、机制和方式保证党的全面领导。

完善党管干部和党管人才工作机制，加强党对干部和人才队伍的建设。在两支队伍的建设方面，要有目标导向，党组织要聚力，抓好领导班子政治思想过硬这一"硬指标"。还要有需求导向，党组织要挖潜，办好干部培养锻炼的"加油站"。还要有实践导向，党组织要赋能，从源头上把好干部选拔任用的"风向标"。在干部成长层面，要有问题导向，党组织要用好干部日常考核"指挥棒"。

（3）党组织决策学校重大问题

党组织会议讨论决定学校重大问题，校长不再是中小学治理的核心主体，校长办公会也不再决策学校重大事项，而是负责执行。重大决策事项、重要人事任免事项、重大项目安排，大额度资金安排的"三重一大"事项，均由学校党组织会议讨论决定。

为了确保决策的科学性、民主性和正确性，党组织实行"集体领导和个人分工负责相结合"，党的决策应当由领导集体讨论决定，避免个人或少数人专断。决策后，由具体负责人负责执行。决策过程坚持"民主集中制"，充分发扬民主，广泛听取党内外成员的意见，通过提出问题、调查研究、征求意见、讨论决策、执行决策和监督评估等规范的决策程序，在此基础上进行集中，形成统一的决策。

重大决策事项按照流程，一般分为"四步走"：首先，党政领导班子成员提出动议，书记与校长沟通且无重大分歧后，启动决策程序。随后，校长办公会研究拟由党组织会议表决的重要事项方案，由校长个人决定。然后，党组织会议按照集体领导、民主集中、个别酝酿、会议决定的原则讨论决定。最后，校长办公会研究落实党组织决策具体措施，校长个人决定，负责执行。

党组织在实施集体决策时，要注意以下三点：一是涉及党的建设、德育和教师思想政治工作、干部任免等事项，在提交党组织委员会讨论决定前，应在一定范围内进行充分酝酿。二是涉及学校改革发展稳定、教育教学科研和行政管理等事项，应由校长办公会（行政会）进行前置研究。三是对事关师生员工切身利益的重要事项，应通过教职工代表大会或其他方式，广泛听取意见建议。

凡属机构设置及其负责人人选的重大事项，均由党组织会议集体决策，这不仅能够提升决策的民主性和科学性，还能增强执行力和监督力，是党的建设和组织工作中的一项重要机制。

决策的民主性，体现在决策过程的民主。所有重大事项均需在党组织会议上进行集体讨论，确保每个成员都有机会发表自己的意见，从而达成共识。在充分讨论的基础上，通过表决的方式作出决定，体现了民主原则，保证了决策的公正性和权威性。鼓励更多党员参与到决策过程中，增加了决策的透明度，同时也提升了广大党员的责任感和使命感。

决策的科学性，体现在决策过程的科学。集体决策集思广益，汇聚多方面的智慧和信息，使得决策更加全面和深入，减少了单一决策可能带来的偏差和风险。对于机构设置和负责人选的审议，通常会有专家的评估和建议，确保了决策的专业性和科学性。集体决策过程允许根据形势的变化和实施效果的反馈进行调整，使决策更具灵活性和时效性。

由于决策机构从校长办公会转移到党组织会议，学校章程中治理主体相应的职责权限也发生改变。在"组织机构和党的建设"部分要增加条目，明确党组织的全面领导地位、设置形式、职责权限、工作方式和党务工作机构、人员配备、经费保障等。重新规定党组织书记和校长职责权限，党务工作机构设置、经费保障等。重新规定党组织委员会和校长办公会的议事决策程序和规则，对议题提出、会议研究、集体决定、争议处置等环节作出明确规定。

（4）党组织组织体系建设

在中小学校党组织领导的校长负责制背景下，建立健全党组织发挥领导作用的组织体系是提升学校管理水平和教育质量的重要措施。明确党组织的地位和职责，确保党组织在学校治理中发挥核心领导作用，参与学校的重大决策和日常管理，监督学校的办学方向和教育教学活动。党组织掌握对学校的领导权，保证正确办学方向，掌握思想政治工作主导权，承担管党治党、办学治校主体责任。

党组织要加强自身建设，加强党的思想建设、组织建设、作风建设和制度建设，提高党员的素质和能力，确保党组织在学校中起到战斗堡垒作用。完善党内民主制度，实行民主选举、民主决策、民主管理和民主监督，保证党员对学校事务有广泛的参与权和监督权。强化党风廉政建设，加强反腐倡廉教育，建立健全廉政风险防控和权力运行监督机制，营造风清气正的教育环境。

党组织以队伍完善、建强为重点，推动党组织班子整体优化，积极打造强有力的学校干部队伍。明确学校干部选配原则，既考虑干部本人的政治过硬、品行优良、业务精通、锐意进取的条件，也考虑干部本人的年龄、经历和专业经历，同时兼顾领导班子整体上的结构合理、梯次配备和优势互补。明确学校干部的选配制度，让党员领导干部进党组织班子，考虑到德才条件、一贯表现和人岗匹配度，注重规范学校干部的培养选拔、教育培训、考核评价和激励保障等机制建设。

建立党务与校务公开机制，推行党务公开和校务公开，增强党组织工作的透明度，接受师生和社会的监督。通过教职工代表大会、学生代表大会、学术委员会和家长委员会等形式，构建党群联系桥梁，加强党组织与教师、学生及家长的沟通联系，及时了解和解决他们的需求和问题。

党建工作与教育教学相结合，确保党的教育方针政策得到贯彻执行，提升教育教学质量，推动党建工作与教育教学深度融合。在组织机构上，采取"双向进入，交叉任职"的方式，形成既分工又协作、既相对独立又互为监督的科学领导体制，最大限度激发党政优势力量，发挥正面叠加效应。采取"支部建在基层"的形式，结合学校实际，将支部建在年级、学科组或者学部，由党性强、懂教育、会管理、有威信、善于做思想政治工作的部门主管兼任党支部书记，围绕教育教学中心工作开展党建，有利于促进党建工作和教育教学工作的深度融合。

党建工作与日常教育教学相结合，定期组织开展形式多样的党建活动和主题教育，增强党组织的凝聚力和战斗力。建立党建工作评估和反馈机制，定期检查党建工作效果，及时发现问题并加以改进。

2. 保障校长依法依规行使职权

就学校发展而言，校长依法依规自主办学是教育内涵发展的重要内容和改革方向。校长只有依法自主办学，而不是秉承上级指令办学，才能真正面向学生群体，考虑学生个体差异，促进每一个学生全面而有个性的发展，办人民满意的教育。

在党组织领导下，校长依法依规行使职权，按党组织有关决议，全面负责学校教育教学和行政管理等工作。2003 年教育部发布的《关于加强依法治校工作的若干意见》指出，学校要依法治校，校长要自主办学，教师要严格按照教育法律的原则与规定，开展教育教学活动，要尊重学生人格，维护学生合法权益，形成符合法治精神的育人环境。

学校依法治校，校长要自主办学，依法理顺政府与学校的关系，落实学校办学自主权，依法保障学校、举办者、教师、学生的合法权益，形成一种教育行政部门依法行政，学校依法自主办学、依法接受社会监督的良好格局。

2012 年，教育部发布《全面推进依法治校实施纲要》，在各级各类学校中，大力推进依法治校，以建设现代学校制度为目标，落实和规范学校办学自主权，形成政府依法管理学校，学校依法办学、自主管理，教师依法执教，社会依法支持和参与学校管理的格局。

然而，现实中，学校依法自主办学依然存在一些困境，因为办学自主权中最核心的专业自主权没有得到有效保证，导致学校办学缺乏自主性和活力，所以，就出现了学校只对上级教育主管部门负责而不是对学生发展负责。

因此，要保障校长依法依规行使职权，首先就要保障校长履行好六大职责。即：规划学校发展、营造育人文化、领导课程教学、引领教师成长、优化内部管理和调适外部环境。

具体来讲，要研究拟订和执行学校发展规划、基本管理制度、内部教育教学管理组织机构设置方案，研究拟订和执行具体规章制度、年度工作计划。组织开展教学活动和教育教学研究，加强教育教学管理，深化教育教学改革。加强学生德育、体育、美育、劳动教育和心理健康教育，提高学校思政课教学质量。组织开展学校文化活动和科学普及活动，建设文明校园。加强教师等各类人才日常教育管理服务工作。做好学校安全稳定和后勤保障工作。组织开展学校对外交流与合作，加强学校与社会、家庭的联系，形成育人合力。

总之，校长要向学校党组织报告重大决议执行情况，向教职工代表大会报告工作，支持群团组织开展工作，依法保障师生职工合法权益，履行法律法规和学校章程规定的其他职权。

校长办公会是校长行使职权的一个重要机构。尤其是在重大事项方案研究拟定过程中，决策前，校长办公会要研究提出拟由学校党组织讨论决定的重要事项方案。决策形成后，要保障校长的重大事项执行权，校长按照学校党组织有关决议，全面负责学校的教育教学和行政管理等工作，通过校长办公会具体部署落实党组织决议的有关措施，研究处理教育教学、行政管理等工作。

一般来讲，党组织领导的校长负责制背景下，校长办公会召开有四个步骤：首先，由学校领导班子成员提出行政议题。然后，由校长确定议题，召开会议，校长在与会人员意见的基础上作出决定。最后，涉及重要事项的方案，提交到学校党组织会议进行讨论决定。

3. 凝聚党组织领导和校长合力

党组织领导的校长负责制是学校党组织全面领导与校长在党组织领导下依法依规行使职权有机统一、优势协同的新时代中小学校领导体制。凝聚党组织全面领导和校长自主办学的合力，需要明确界定二者的职责与角色，同时建立有效的沟通协作机制。

党组织在学校中发挥政治核心作用，负责制定学校的发展战略和重大政策，领导学校的思想政治工作，确保教育教学方向符合党的教育方针，以及监督学校各级干部的选拔和任用工作。校长作为学校的法定代表人，负责学校的日常行政管理和教育教学工作，实施党组织制定的方针政策，领导学校的教学科研工作，推进学校的改革和发展任务。

在学校工作中，要推动管党治党与办学治校紧密融合，做到四个坚持：坚持党管办学方向，当好"领航员"不跑偏。坚持党管意识形态，把握"主导权"不松懈。坚持党管干部人才，坚定"主心骨"不动摇。坚持党管改革发展，输送"营养液"不枯竭。

建立党组织与校长办公会的沟通协作机制，建立党组织与校长办公会、行政会议等定期沟通机制，共同研究决定学校的重大事项，确保党组织的决策与校长的执行有效对接。构建校内信息共享平台，确保党组织与校长之间能够及时共享信息，协调资源，形成工作合力。

（1）正确定位学校治理中的党政关系

党组织领导和校长负责是不可分割的有机整体。二者是相互依存、相互促进的辩证关系，其中党组织领导是核心、校长负责是关键。一方面，党组织领导是校长负责的基本前提。如果没有这个前提，就无法体现中国特色社会主义学校的本质。另一方面，校长负责是落实党组织领导的重要基础。如果没有这个基础，全面领导就成为一句空话。

在办学实践中，要处理好党政关系。党政之间要做到分工明确，配合默契。在职责上，党组织主要是保方向，突出政治功能；校长是在教育教学行政管理方面贯彻落实党的路线、方针、政策，通过行政工作落到实处。

在任务上，党组织通过政治统领、思想引领，对制定学校发展规划和各项决策、遴选和使用干部、行使督察责任等学校治理的重大决策议程进行有效领导；校长负责运用行政手段实现党组织意图。

在策略原则上，党组织的领导是宏观的、原则性的全面领导，校长是具体的全面负责。党组织书记和校长之间，形成到位不越位，补台不拆台，相互支持、相互协作的"黄金搭档"关系。

（2）建立经常性沟通机制

党组织书记和校长定期沟通，日常事项随时沟通、重要事项提前沟通、决策事项会前及时沟通、重点工作及重要决策事项协同推进。涉及重要议题，党政主要领导会前要进行充分的沟通，定期召开党政领导班子联席召开的务虚会，党政主要领导要定期谈心，学校日常工作汇报要做到党政联席。

沟通过程中，党组织书记和校长共同审核把关，党组织支持校长依法依规积极独立履行职责，校长定期报告重大决议的执行情况。将党政联席会议作为日常沟通的平台，它也是党组织领导与决策执行的衔接载体。学校领导班子在党组织领导下举行党政联席会议，对"三重一大"事项进行集体讨论，明确责任归属，形成合力，保证工作有序运行。

推进经常性沟通机制、会上充分发表意见的规则和严格执行决议的原则。通过谈心谈话、校级领导碰头会等形式，确保书记和校长间、班子成员间经常性交换工作设想，通报工作情况。校长作为党组织委员在会上充分发表自己的意见，以便更好地形成集体意志。一经党组织会议集体讨论通过的决定，每个班子成员都必须严格执行，坚决杜绝议而不决、决而不行、推诿扯皮等情况的发生。

（3）理顺党政关系，确保工作氛围正向激励

理顺党组织领导和校长负责的辩证统一关系。党组织领导的校长负责制背景下，校长负责是以党组织领导为前提，党组织领导要靠校长负责来落实。学校出台并完善《关于坚持和完善党组织领导的校长负责制的实施细则》和《"三重一大"决策制度实施办法》等制度，重大决策、重大项目、重大资金安排均在党组织的集中统一领导下组织实施。

在职责上，明确党组织全面领导，主要体现在把方向、管大局、作决策、抓班子、带队伍和保落实这六个方面。校长在教育教学行政管理方面体现党的方针政策，通过行政工作落到实处。在任务上，明确党组织，通过集体领导，对学校重大问题做出决策。校长负责运用行政手段实现党组织意图，有效落实党组织决议。在策略原则上，明确党组织的领导是宏观的原则性的全面领导。校长是具体的全面负责。

理顺党组织书记和校长的关系，建立经常性沟通制度。日常事项随时沟通、重要事项提前沟通、决策事项及时沟通。会前书记校长沟通，共同审核把关，党组织支持校长依法依规积极独立履行职责，校长定期报告重大决议执行情况。书记、校长形成到位不越位、补台不拆台，相互支持、相互协作的"黄金搭档"关系。

书记和校长的个人素养和综合能力直接影响新的领导体制改革的成败和学校的发展。一个好的书记应该是政治家中的教育家，书记要履职尽责，就必须抓好党建，抓好班子带好队伍，抓

好人才建设和抓好保障。书记要了解校长的工作，懂得学校管理的基本规则与规律。校长应是教育家中的政治家。作为一个好校长，一要抓落实，二要抓教学，三要抓改革，四要抓好管理。校长也要熟悉党建，懂得党建工作的特点与规律。

书记与校长的真诚配合是关键。学校要形成书记总揽全局、协调各方的局面和校长统筹安排、重在落实的工作格局，校长、书记虽然各自重任在肩，但是他们目标统一、思想统一、部署统一、步调统一。校长、书记要做到性格相融，理念相通，相互坦诚，高度信任。书记要不抢事、不推事、做实事、抓大事、解难事；校长应顾大局、多沟通、强制度、重流程、保落实。

（4）凝聚三大合力，激发办学活力

凝聚党组织书记和校长的领导合力。上级组织要选好配强学校党组织书记和校长的人选，选拔党性强、懂教育、会管理、有威信、善于做思想政治工作的优秀党员干部担任党组织书记。培养政治过硬、品德高尚、业务精湛、治校有方的人担任校长。开展各级各类的干部培训，组织党组织书记和校长学习领会相关政策文件精神，学习学校治理的关键能力，提升现代化学校治理水平。建立党组织书记和校长的经常性沟通和相互配合机制，日常事务不定期经常性沟通，重大事项事前充分沟通，保证方向和行动上的一致性。

凝聚党组织和学校内设机构的组织合力。将党支部建在基层，将符合条件的年级组、学科组、教研组、备课组等教育教学机构与党组织机构负责人合一，这样更利于他们在工作内容上进行有效统整，机构建设同步优化。党组织选拔"双强型"党员干部担任学校基层党组织负责人，选拔优秀党员教师担任学校党组织办公室、行政办公室以及学校人事、德育、共青团和少先队等内设部门的负责人。

凝聚优秀党员和骨干教师的人才合力。党组织重点培养业务骨干，让业务骨干加入党组织，让优秀党员成长为业务骨干，形成学校"双强型""复合型"人才队伍。严格党员教育管理监督工作机制，实施业务骨干教师的跨区轮岗交流工作。

（三）各大主体民主共治的关系

推进学校治理体系现代化建设的关键是对学校事务参与权、决策权的结构性调整。学校党组织、校长办公会、教职工代表大会、学术委员会、学生代表大会和家长委员会，构成学校六大治理主体，它们共同参与学校治理。学校要向其他主体分权，尤其是要充分保障教师、学生、家长和社会在学校事务中，参与管理的广度和深度，让他们在更多的事务上有更高程度的参与权和决策权，保障家长、社会的知情权和监督权。

学校六大治理主体民主共治的关系是建立在多元参与、协商民主和透明责任基础上，体现了多元参与和共同协商的原则，是现代化学校治理中推动学校发展和进步的重要机制。

在学校治理中，民主共治涉及的方面广泛，不仅包括内部治理主体如教师、学生、学校管理人员等，还可能涵盖外部利益相关者，如政府教育部门、家长、社区成员等。它强调多主体参与，每个利益相关方都有发言权和参与决策的机会。通过民主协商和集体讨论的方式制定学校政策和规划，确保各方面意见和利益得到充分反映。强化各参与方的责任意识和问责机制，提升治理效率和公信力。

在六大治理主体之间，建立信息公开制度，确保所有利益相关者都能够获取到重要信息并参与到决策过程中。定期举行会议和座谈会，收集各方面的意见和建议，促进不同主体之间的沟通和理解。在重大事项上进行合作规划，共同承担执行任务，形成有效的问题解决机制。

1. 专家专业治学

在现代化学校治理中，专家专业治学是一个重要的方面。它主要涉及教育专家、学者和有一定学术能力的教师代表，他们充分利用教育教学、管理、研究等方面的专业知识和经验，不断推进学校教育教学改革，为培养具有创新精神和实践能力的新时代人才创造良好的教育环境。

学术委员会是中小学校专家专业治学的一个重要载体，它是由专家、学者和教师代表等组成，主要负责学校的学术研究、教育教学改革以及教育质量提升等。

学术委员会参与学校重大教学改革工作，根据国家教育政策、学科发展动态和学生现实需求，制定符合时代要求的教育教学理念和方法。带领广大教师，探索适合本校的教育教学模式，制定和实施适合本校的教育教学改革计划，探索更有效的教学方法和管理模式，推动学校教育教学改革的深入进行。

学术委员会在教师专业发展上提供专业的培训和支持，搭建广阔的平台，提供高质量的专业支持和服务，帮助教师提高教育教学能力，促进教师专业成长。通过一系列的研究和实践，致力于提升学校的教育质量和学生的学习成果，提高学校办学水平。

学术委员会与校长办公会、教职工代表大会等其他机构一起，共同参与学校事务管理，推进学校的民主管理进程。他们运用专业知识和经验为学校管理提供科学依据，通过专家的引领和教师的参与，推动学校的整体发展和教育质量的提升。

2. 教职工民主管理

教职工积极参与学校事务的管理和学校重大事项的决策，切实保障教职工的权益，促进学校的和谐发展。设立教职工代表大会作为教职工参与学校管理的基本形式，通过定期召开会议，讨论和决定学校的重大事务。

教职工代表大会是教职工民主管理的基本形式和重要组织，为教职工提供了一个参与学校管理和表达自己意见的途径，促进学校的民主管理进程，提高学校的教育质量和管理水平。

在涉及教职工切身利益的问题上，如聘任、考核、奖惩等方面，教职工有权通过教代会或其他形式参与决策过程，表达自己的意见和建议。教代会为教职工提供一个表达自己对学校管理和教育教学工作的看法、建议和意见的平台，促进教职工参与学校事务的民主管理。

教代会可以就学校的重大事务进行讨论，并在一定程度上参与决策。这些事务可能涉及学校的发展方向、改革措施、教学计划等。教代会有权审议学校的工作报告、财务报告等，确保学校的各项工作符合国家法律法规和教育政策，维护教职工的合法权益。

教职工可以通过教代会对学校管理层进行民主监督，确保学校决策符合国家法律法规和教育政策，确保学校领导者正确履行职责，维护教职工的合法权益。同时，教代会也是一个反馈机制，可以将教职工的意见和需求传递给学校管理层，促使其改进工作。

3. 学生民主参与

学生民主参与学校管理是现代教育体系中一个重要的组成部分，它体现了教育的民主性和学生的主体地位。学生通过各种形式和途径参与学校管理，不仅能够培养他们的责任感、合作精神和公民意识，还能够促进学校的和谐发展。

学生代表大会是学生行使民主权利、参与学校管理的重要平台。学代会定期召开，讨论和决定涉及学生利益的重大事项，如学费标准、校服设计等。学生代表大会民主参与学校管理与决策，尤其是参与涉及学生事务的民主管理和决策过程，如学生活动策划、校规校纪的制定等，有效提升管理的科学性。

学生代表大会代表的是学生的利益，负责将学生的意见、建议和需求传递给学校管理层，通过建立完善的意见反馈机制，鼓励学生通过问卷调查、建议箱、座谈会或面对面交流会等方式向学校管理层提出自己的意见和建议，确保学生的声音能够被听到并得到重视。

学生代表大会是学校民主管理的重要组成部分，它不仅体现了教育的民主性，也是培养学生公民意识和社会责任感的有效途径。通过学代会，学生能够在实践中学习如何参与公共事务，如何表达和捍卫自己的权益，这对于他们的成长和发展具有重要意义。

学生民主参与学校管理是培养现代公民的重要途径之一。通过各种形式的参与和表达，学生能够更好地了解学校的运作和管理，同时也能够提升自己的社会责任感和团队合作能力。学校应当为学生提供充分的参与机会和条件，确保他们的合法权益得到保障。

4. 家长社会民主监督

家长社会民主监督是指家长和社会通过一定的组织形式和途径，对学校的教育教学、管理和服务等方面进行民主监督。这种监督旨在促进学校的透明度和公开性，保障学生和家长的合法权益，提高学校的教育质量和管理水平。

家长委员会是家长参与学校管理和监督的基本组织形式，由家长代表组成。家长委员会定期召开会议讨论学校重大事务，对学校的教育教学、管理和服务等方面提出建议和意见。在涉及学生切身利益的重大决策中，家长和社会参与讨论与决策，这有助于确保决策的公正性和合理性。

家长委员会作为家长直接参与学校教育管理的一种组织形式，通过家长委员会，家长可以更直接地了解学校的教育教学情况，更有效地提出自己的意见和建议，更积极地参与学校的管理和决策。

家长委员会是促进家校合作的重要平台。通过家长委员会，学校可以更好地了解家长的需求和期望，更好地与家长沟通和合作，共同为学生提供更好的教育服务。同时，家长也可以通过家长委员会更好地了解学校的教育理念和教学方法，更好地配合学校的教育工作。

家长委员会有助于优化育人环境。通过家长委员会的参与和监督，学校可以更好地规范办学行为，提高教育教学质量，为学生创造一个更加健康、和谐、安全的学习环境。建立家长委员会，对于发挥家长作用，促进家校合作，优化育人环境，建设现代学校制度，具有重要意义。

学校聘请社会监督员或第三方机构对学校的管理和教育质量进行独立评估和监督，这有助于发现潜在的问题并提出改进建议。学校积极公开教育教学、管理和服务等方面的信息，让家长和社会了解学校的真实情况，增强学校的透明度和公信力。建立健全投诉与反馈渠道，鼓励家长和社会提出批评和建议，学校及时处理这些反馈，并采取有效措施加以改进。

二、扁平、参与、协同的治理体系

学校治理是学校的相关利益主体通过一定的规则和程序，对相互冲突和利益相互竞争的各方进行调解的一种活动过程。学校治理体系是在学校治理过程中，形成的学校教育相关主体间的关系及其行为的结构系统，它包括学校内部校长、教师、学生、家长之间的关系及其协调的内部关系结构系统，以及学校外部政府、学校、社会三者之间的关系及其协调的外部关系结构系统。本书所讲的学校治理体系主要是内部关系结构系统。

实施扁平化的年级负责制，让中层处室下沉，管理功能从管控转向服务，随之，处室与年级的关系从管控与被管控的关系，走向服务于被服务、评价与被评价的关系。中层处室与年级的关系转变成服务与被服务、支持与被支持的关系。中层处室从评价方转变为被评价方，年级享有评价中层处室工作绩效的权力，评价关系的逆转，凸显出教育教学一线的主体地位，学校管理也随之向高质量的服务转型。

搭建平台，倾听来自师生的声音，鼓励师生参与学校管理。通过分权赋能，激发教师整体活力，点燃教师专业发展激情，充分尊重学生的意见建议，采纳其合理化建议，促进学生对校园生活的关心与热爱，学生的自主性、创造性大大提升。师生由被管理者转变为学校治理主体，主人翁意识大大提高，主体地位凸显。

学校充分发挥主导作用，完善家校社协同机制，充分发挥家长和社区参与学校建设的积极作用。家长和社区从以前的旁观者、审视者转变为学校治理主体，共同参与学校事务的管理。引导家长、社区对学校的正向评价、正向激励，增强学校协同育人能力。

（一）扁平化管理：提升管理效能

扁平化管理是现代化学校治理中的一种组织结构和管理方式的创新，通过简化组织结构，减少管理层级，缩短决策链，提高决策效率和执行力，快速响应学校发展中的新变化和新需求。

扁平化管理明确各个管理层级和教师的职责与权力，实现权责对等，权责一体化，提高工作效率和责任感，有助于激活教师的积极性和主动性，激活学校教育的细胞，释放办学活力。

学校在推进治理体系现代化的进程中，中层管理者转变观念，从传统的控制和指挥角色转变为服务和支持角色。中层处室的部分决策权和职责下放到更接近教学一线的年级负责人和学科负责人手中。学校管理将服务理念贯穿于日常的管理实践中，干部更加关注教师和学生的需求，提供必要的资源和支持，协助一线解决教学过程中遇到的问题。

扁平化的年级负责制，让离学生最近的年级负责人参与学校重大事项的决策，保证决策最有利于学生成长。年级主任作为中间管理者，上承决策层，下接一线，减少能耗，有效提升学校管理效能。年级主任职能转变，对年级工作全面负责，对年级育人质量全面负责，对年级教师成长全面负责。

1. 中层处室下沉：从管控走向服务

物质的结构决定物质的性质。学校的组织结构决定学校领导力、组织力、宣传力、动员能力和执行力，最终提升学校管理效能和管理质量。与传统科层制不同，中层各处室的功能从管理功能转为研发与支持功能。

中层处室下沉是学校组织结构调整的重要手段，它是将组织中较高层级的部门或团队的一些决策权、资源分配和部分职责下放到离一线更近的下一层级。学校在实施管理过程中，将中层管理人员的职责和权力下放到年级组。年级组比中层处室更接近一线教学，更接近师生，所以，年级组的管理，比中层处室的管理更贴近一线，更符合师生的实际需求。

中层处室下沉是一种以人为本、注重服务质量和持续改进的学校管理方式，有助于提升学校的管理效率、服务质量和教师参与度，促进教师的参与感和责任感，促进学校的长期发展和竞争力。

（1）组织结构从科层制走向扁平化

传统学校实行的是科层制的管理模式，管理学家马克思·阿博特（Max Abbott）指出：正如我们所知，可以准确地将今天的学校组织……描述为高度发展的科层制。同样，学校体现出了许多这样的特征，并运用到了军队、工业组织和政府机构等可与之比拟的许多策略。

德国社会学家马克斯·韦伯（Max Weber）认为，科层制组织的结构体现了劳动分工、规则、职权等级制、非人格性、能力至上等特点，适用于很多大型的企业、军事和政府组织提高运行效率和促进工作目标实现。

科层制在学校管理初期，对于理顺上下级、部门间和部门内关系，明晰各自权责，起到了积极的推动作用。但随着学校规模扩大，科层制的管理就出现了管理层级过多，造成管理效能耗散，管理效能很难快速抵达教学一线。

随着分工的进一步精细化，学校内设各部门间出现各自为政、推诿扯皮的现象，这又直接造成学校管理效能低下，甚至产生管理中的内耗。此时，一些教育管理学家对学校采用科层管理组织结构进行管理提出了诸多批判，如：韦恩·K. 霍伊（Wayne k. and Hoy）认为高度科层化的学校教师权利拥有感和失落感都比较强，容易造成少数教师主体性过强，而多数教师的主体性缺乏。这种组织结构很难激发教师的育人热情和创造性开展教育教学工作的积极性，导致教师唯知识、教学至上，成绩至上，而忽略学生真正的成长诉求和个性发展，难以实现个性化、差异化和多样化的人才培养。（图 2-2-1）

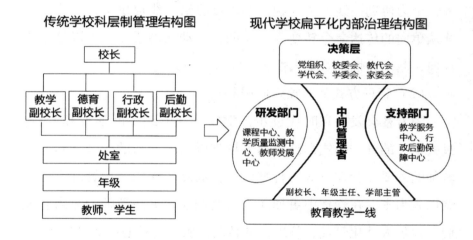

图 2-2-1 学校内部治理结构变化图

现代学校管理理论认为学校的最终目的是学生的学习和成长。现代学校推行的是扁平化的内部治理结构，中层处室下沉，年级负责制出现。具体来讲，就是学校不断优化学校内部治理结构，把中层处室下沉，处室功能从管控的功能走向服务的功能，推进扁平化的年级组负责制。原来的中层管理者分流到研发部门和支持部门，承担着支持保障教育教学一线的功能，年级组负责人作为中间管理者，承接决策层和教育教学一线。这样一来，有效减少学校管理层级，管理重心下移至年级组，让离学生最近的人站在管理正中央，确保学校教学和德育及其管理的有机结合，实现学校管理价值从管理中心转向学生中心。

推进扁平化的内部治理结构变革，要求中层管理人员转变观念，角色身份由原来的控制者和指挥者转变为服务者和支持者，从发号施令者成为师生成长的支持者。管理方式从管控走向服务，全力协助一线解决问题，调动资源给一线提供支持。沟通方式从单向的传达命令转变为双向的、互动的沟通模式，以结果为导向，基于人性，尊重人性，关注人的成长。

（2）管理方式从管控走向服务

随着社会发展和时代进步，学校管理方式不断演变和升级。过去单一的管控模式，已经越来越难以适应当前的校园和新一代教师的需要，管理方式的转型已迫在眉睫。现代学校管理方式强调以人为本，在管理中更加注重人的因素，关注教师的需求和发展，提倡人性化管理，管理逐渐转向以服务为核心的管理转型。

以服务为导向的学校管理，强调服务意识，将师生成长作为最高利益，始终放在管理的首位。注重通过提供良好的工作环境、培训和晋升机会等，激发教师的积极性和创造力，从而提高团队整体的工作效率。这是一种以结果为导向，更加人性化、更能激励人，也更能聚焦目标的管理风格。

管理方式转型，更新管理观念先行。学校中层处室下沉后，管理理念从过去的以职能为导向转变为以服务为导向。中层管理者以激发师生潜能为己任，为一线教师和学生提供更多的成长机会和支持，培养他们的领导能力和责任感，提高工作效率和教学质量。

（3）服务型管理的迭代升级

学校的服务型管理历经三次迭代升级，在服务理念和实践上逐步深化和提升。

服务型管理的第一次迭代升级，是从管控到服务。此时是服务型管理的初级阶段，服务的内涵就是普通意义上的"服务"。学校中层管理者从传统的管控角色转变为服务角色。这意味着他们不再只是指挥和监督教职员工，而是更多地关注如何支持和帮助教职员工，提供必要的资源和指导，以便教职员工能够更好地完成工作。

从管控到服务，指向的是管理理念的更新，管理从高高在上的指挥和监控，俯下身子，将中心让位给教师和学生，通过激活每一名教师和学生，唤起师生的主人翁意识，让师生成为学校发展的主力军。学校的管理就是要为教育教学一线提供强有力的服务保障，服务教育教学一线的发展，服务于师生的成长，服务于学校的发展，这也正是全面落实"人民至上"和"为人民服务"的体现。

服务型管理的第二次迭代升级，是支持教师成长。此时是服务型管理的中级阶段，服务的内涵就是"服务+支持"。中层管理者深入一线，与教师面对面交流和沟通，了解他们的工作状况、发展需求和各类问题的反馈，及时发现和解决问题。关注如何支持和帮助教职员工，提供必要的资源和指导，以便教职员工能够更好地完成工作。这有助于提高服务质量和效率，增强教职员工的归属感和忠诚度。

支持教师成长，指向的是管理路径的进阶，"教而优则仕"，学校的管理者往往来自于教育教学一线中的杰出者，那么他们的管理中就应该有更高阶的服务和支持的内容，管理者要调动个人和外在的一切资源和力量，通过搭建平台，提供优质的机会，以身示范，榜样引领，支持和服务于教育教学一线的发展和师生的成长。

服务型管理的第三次迭代升级，就是引领学校创新。此时是服务型管理的高级阶段，服务的内涵就是"服务+支持+引领"。中层管理者不断追求卓越，推动学校的持续改进和创新。他们需要关注教育行业动态、教育技术和数字技术发展，不断引入新的管理理念和方法，优化工作流程和服务模式，鼓励教师提出创意和建议，共同推动学校的发展。

引领学校创新，指向的是管理目标的进阶，学校管理者理应成为教育教学的"领跑者"，教育改革的"推动者"和师生成长的"引领者"。管理者要通过不断学习，与时俱进，提升自己的专业和素养。在工作中要时刻以"激励人、发展人、成就人"为己任，不断调动师生员工的积极性，激发他们的内生力，以个人影响力、个人魅力，去辐射去引领去带动团队成员实现组织目标。

2. 年级负责制：变科层制为扁平化

共治必然导致分权，学校向最基层的年级组"下放"权力，建立一套设置合理、运转灵活、执行高效的组织结构。通过理顺上下级之间、各部门之间、各部门内部的关系，明晰权责，保障学校有效实现战略目标，科学发展，提升学校治理效能。

推行扁平化的年级组负责制，把原来的中层处室分流到研发部门和支持部门，承担着支持保障教育教学一线的功能，只有副校长、学部主管和年级主任作为中间管理者，承接决策层和教育教学一线。

实施年级负责制，明确年级主任对该年级的教学质量、学生管理、活动组织等方面负有全面的责任。鼓励年级教师之间的横向合作，形成紧密的团队，增强团队协作意识，共同解决教育教学中的问题。

年级负责制，年级主任与教师、学生、家长之间建立密切的沟通机制，能确保信息的快速流通和问题的及时解决。减少管理层级，简化管理流程，使决策过程更加迅速，能更快地响应学生和教师的需求，提高决策效率和执行力，有效提高管理的灵活性和效率。

以基层为本的扁平化管理，把决策权下放给更了解实际情况的年级组，将年级事务的决策权下放给离学生最近的年级主任，学校原来的中层管理者承担支持与服务的功能，使治理重心下移，治理层级减少，治理渠道畅通，治理效度增强，治理效能明显提升。

（1）转变年级主任职能：从"传声筒"走向"领导者"

年级负责制，是推进学校扁平化的内部治理结构变革的一个重要载体。扁平化的年级负责制让年级主任职能发生重大转变，从传统的执行者和信息传递者的角色，向真正的领导者和管理者转变。

在年级负责制下，年级主任不再仅仅是上级决策的执行者，而是具有实际管理权力和责任的领导者，是年级所有事务的第一责任人。年级主任拥有事务决策权，因此需要具备独立思考和决策的能力，能根据年级的实际情况做出合理的决策。

年级主任既是年级工作的管理者，承担着管人、管事、管资源的职责，又是年级教育教学工作的组织者，对年级各学科的教学质量、学生活动全权负责。因此，年级主任需要很强的问题解决能力，面对教育教学中出现的问题，能够积极寻找解决方案，做问题的"终结者"，而不是简单地上报或回避问题。

年级主任还是年级师生成长的引领者，承担着教师队伍和学生队伍的建设工作和引领师生健康成长的责任。因此，年级主任要有较强的专业知识和管理技能，在团队中能影响和带动周围的人，起到榜样示范引领作用，有能力组织和带领教师团队，激发团队成员的潜力，促进团队合作，营造良好的团队文化氛围。

（2）转变学校治理价值：从"管理中心"走向"学生中心"

落实党的教育方针，为党育人，为国育才，学校工作就要围绕学生成长，实现治理价值从"管理中心"走向"学生中心"。这也意味着学校治理的核心目标和工作重心从以管理者的需求为中心，转向以学生的发展需求为中心。

扁平化管理是坚持"以学生发展为本"的教育理念，学校工作都是围绕促进学生的全面发展来展开，包括学生的学业成长、身心健康、个性发展和社会适应能力等。年级管理中充分考虑到个性教育，重视每个学生的个性差异，提供个性化的教育方案，满足不同学生的学习需求和发展目标。由此，学校本着"让听得见炮声的人去指挥打仗"的原则，让离学生最近的年级负责人参与学校决策，全面负责年级事务。

在制定政策和规章制度时，年级主任参与学校决策，年级主任相比中高层领导离学生更近，更能体会学生感受，将学生的利益放在首位，确保学生的利益不受损害。

以学生为中心，更加关注学生的个性化需求和全面发展，不仅关注学生的学业成绩，还关注学生的创造力、合作能力、实践能力等综合素质。在教育及管理中时时体现学生中心，营造"干部围着教师转、教师围着学生转、学生围着素质转、素质围着党的教育方针转"的健康教育生态。

（二）师生参与式：彰显主人翁责任感

管理就是发现每一个人可以伟大的地方，并让其行走在一条通往伟大的道路上。发现每一名师生的闪光点，并创造条件帮助他去发扬光大。学校健全教职工代表大会制度，充分发挥民主监督和参与学校管理的作用。学校实行师生参与式管理，让师生参与到学校改革发展的具体管理事务中，在学校积极建言献策，扩大教职工对学校领导干部和各处室的评议权和考核权，激发起人人都是 CEO 的管理热情。

学校尊重、关怀每一位教师，创造机会让教师自主决策、影响决策或参与监督，用多种方式激励和认可教师，以激发教师工作的意义感、使命感与责任心，改善其工作满意度、组织承诺与职业承诺，并进而增加教师工作投入和提高教师工作绩效。学校鼓励学生参与学校治理和决策过程，例如通过学生会、学生代表大会等机构，让学生的声音被听到并得到重视。

1. 倾听教师的声音

对教师最大的尊重莫过于倾听并采纳其建设性意见，激发每一个人的主动性、积极性和创造性。健全教职工代表大会制度，充分发挥民主监督和参与学校管理的作用。积极畅通沟通渠道，逐层深入，引导教师积极投身学校建设与发展，让师生参与到学校改革发展的具体管理事务中，在学校积极建言献策。

一是定期定向组织问卷调查，收集整理教师的需求，征集教师对学校管理等相关工作的评价与反馈。定期组织学校管理满意度测评、部门工作满意度测评和干部工作满意度测评，及时了解教师对管理和服务的需求和期待，寻求管理改进的方向，将可能出现的矛盾消灭在萌芽状态。

二是召开专题听需座谈会，听取教师心声，主动发现和解决学校管理中存在的问题或漏洞。针对教师们普遍关注的学校办公环境、青年教师成长、教师专业发展、师生餐饮质量等关系民生的重要事项，采取专题座谈的形式，主动听取并真诚采纳老师们的意见与建议。

三是开展一对一的谈心谈话与专属的文字交流，真切做到情感交流。全员全覆盖式面对面的谈心谈话，给予老师最大的尊重和最充分的表达机会，做好情感沟通和爱心传递，在学校重大或关注度极高的事项上，事前做好充分交流与沟通，吸纳教师参与其中，达成共识。在老师生日和教师节时，学校校长可以手写贺卡，给每一名教师书写专属式、个性化的贺词，传递不一样的情谊，架起情感交互的桥梁。

四是定期开展深层次对话论坛，分专题深入研讨学校改革"深水区"的问题，并寻求解决的路径。定期召开青年教师沙龙和班主任工作坊，凝聚青年教师和中坚力量的智慧，让学校的每一个变革举措都有一线老师的参与和贡献的智慧。

2. 成立学生自治组织

教育是一个互动的过程，如果不能让受教育的一方真正进入角色，没有他们自己的体验、感悟和内化，教育里就没有成长。利益相关者成为教育治理的主体，是教育治理的一个基本要求。学生是教育中最大的利益相关者，是学校发展建设中一支重要的力量。

学生自治组织一般由学生会、团委、班委会等构成，各自承担不同职能，共同推动学生全面发展。学生会负责日常学生事务和学生活动的组织，团委负责思想政治教育和组织发展，班委会则侧重于班级内部的具体事务。

学校积极创造条件，为学生自我教育、自我管理和自我服务搭建平台，开辟渠道。学校、教师指导热心学校事务的学生，初步规划和设计组织架构，通过公正公开的选举，选出主席和各部门成员，确保组织的合法性和代表性。

为了培养学生的自主性、责任感和领导能力，学校成立学代会、少代会等学生自治组织，它们以自我管理、自我服务、自我教育为原则，通过学生实际参与学校管理和活动，培养学生的民主意识、主人翁精神以及独立工作能力，提升学生的综合素质和实践能力。

学生会、团委、班委会等自行组织召开意见征询会，分专题征集提案，有关部门和学生代表就提案的合理性和可行性进行专门研讨，对于一些好的提案和建议，学校及时采纳，并以最快速度列入当年工作任务。通过调动学生参与学校建设的积极性，充分激发学生主人翁意识和以校为家的爱校热情。

（三）家校社协同：同心同向同行导向

2023年，教育部等十三部门联合印发《关于健全学校家庭社会协同育人机制的意见》，提出到2035年，要"形成定位清晰、机制健全、联动紧密、科学高效的学校家庭社会协同育人机制"。

《家庭教育促进法》的出台意味着家庭教育由"家事"上升到了"国事"，"健全家庭学校社会协同育人机制"也写入党的十九届五中全会公报和2022年《政府工作报告》。学校内部也在积极构建党组织领导、校长负责、全体师生参与、学校家庭社会协同的全方位育人体系。

学校不能关起门办学，要实现高质量发展，学校要改变以往相对封闭的管理模式，打开校门开放办学，让家长和社区人士以合适的方式参与学校教育，使多方利益得以充分协调并实现共同发展。

家长是学校教育的重要伙伴，社区人士也在学生发展中扮演着重要角色。只有全社会共同关心教育，校内外多种力量共建共治共享的多中心治理格局才能基本形成，教育高质量发展才能得到体制机制上的有力保障。

1. 家校协同育人机制

教育家卢梭说："人的教育在他出生的时候就开始了，在他不会说话和听别人说话以前，他就已经受到教育了，教育的基础是家庭。"家庭是人生的第一所学校，父母是孩子最好的老师，孩子的早期教育是从家庭开始的，好的教养方式和家庭风气直接影响孩子的一生。

完善家校协同育人机制，发挥学校在家校共育中的主导作用。学校成立家长学校，吸纳有专长的教师、家长代表和外聘专业的家庭教育指导师，组成家长学校的师资队伍。结合学校实际需要，设置系列课程引导家长科学育儿。倡导科学教育观念，转变家长育儿理念，树立良好家风，压实家庭教育主体责任，提高家庭教育水平。

引导家庭教育做到"三个回归"：首先，家庭教育要回归育人本位，要树立育人第一、健康第一和人格第一的思想，引导家长走出攀比思维，走出分数思维，走出抢跑思维，走出过度学习。其次，家庭教育要回归家庭本位，家庭本位就是要创设爱的家庭、道德的家庭、安全的家庭、爱学习的家庭、自由民主的家庭这五种家庭形式。最后，家庭教育要回归生活本位，大力倡导家庭教育要涵盖劳动生活、阅读生活、体育生活、自然探索生活和社会实践生活。

2. 家校联席会议机制

教育学首先是关系学，良好的家校关系是凝聚家校合力的前提。建立家校联席会议机制，架设家校沟通的桥梁，鼓励家长站在支持帮助学校工作的立场，积极正向参与学校建设与发展，形成家校育人合力。

完善家长委员会制度，通过班级、年级和学校三级家长委员会，引导家长正向参与、监督学校建设与发展。学校重大改革发展，教育教学成效，与学生密切相关的项目，尤其是涉及学生自费参与的项目等，都要保证家长的知情权和部分决策权。

建立家校联席会议机制，引导家长正向参与学校建设与发展。家校联席会议，主要沟通商议家长在家校共育中的知情权、评议权、参与权和监督权的权限范围和具体实施。家长对学校尤其是家校沟通、育人成果等方面享有评议权。家长的参与权适用的范围，参与的程度，需要学校的引导。比如，在校服的设计上，学校在学生中海选校服款式，邀请设计公司和学生一起设计学生们喜爱的校服，再邀请家长与师生一起参与遴选，这样选出的校服既有学生们的设计灵感，也有家长的把关。

家长往往对学生在校饮食营养和食品卫生安全不太放心，由推荐选出的家长代表、学生代表和教师代表，共同组成膳食委员会。膳食委员会委员们不提前通知、不定期参与学校食堂的督查，主要督查食堂的食品采买货源、渠道、存储管理、操作间的卫生及营养餐的营养搭配等，随时监督食堂的卫生和食品安全。

学校积极引导，加强沟通，将家长的热情参与和努力变为学校变革的动力，充分发挥家长参与学校治理的正向作用，有效形成共育合力。

3. 社会资源共享机制

建立社会资源集聚共享机制，激发学校办学活力。学校主动挖掘社区和社会组织力量，积极推动、协调周边社区推进文化、体育、科技等各类社会资源开放共享，以保障充分利用社会育人资源。

学校充分利用社会的教育评价，以评促改，促进学校建设与发展，激发学校办学活力，实现教育质量的提升。开展市区级教育综合督导和外聘第三方专业评估机构入校做专业评估，通过问卷、座谈等形式，评估学生对校园生活体验度、家长对学校满意度、教师对学校认同度、社会对区域教育感知度和对教育共建协作度。

学校也积极开展自我评估，通过学校管理调查问卷、部门满意度测评和教师课堂教学诊断等，自我评估、自我诊断，促进自我提升。

三、科学、民主、监督的治理机制

关于"机制"，《现代汉语词典：第7版》认为，"机制"泛指一个工作系统的组织或部分之间相互作用的过程和方式。从学理层面来看，机制最初属于物理学范畴用语，指机器的构造和工作原理，后来被广泛延伸应用到生物学、医学、社会学等学科领域。在教育学领域，陈玉琨教授认为，机制是落实制度的一些组织设计和运行安排，以保证实现预期结果。

科学、民主和监督的治理机制是一种现代学校治理体系，是一个综合性的学校治理框架。它通过科学的管理方法、民主的决策过程以及严格的监督制度，结合了理性分析、民众参与和责任追究等多个方面，来提高学校的治理效率和透明度，提升学校治理的质量和公信力。

科学治理，指的是在学校治理尤其是决策过程中，运用一些专业技术和科学手段，提高决策的精确性和有效性，减少主观判断的影响。例如：运用统计分析、预测模型、成本效益分析等工具来支持决策制定，确保决策和管理活动基于事实和数据。

民主治理，指的是在学校治理过程中引入民主原则，确保利益相关者参与相关决策，决策过程公开透明，充分听取和尊重他们的意见。这通常涉及建立参与机制，如选举、议事、协商等，以确保不同群体的声音能够被听到并在决策中得到反映。

监督治理，指的是建立有效的监督机制，确保学校治理活动的合法性、合规性和公正性。这通常涉及独立的监督机构、内部审计系统、法律监察等，以及对违规行为的严肃问责制度。监督治理有助于防止滥用权力和腐败行为，保障学校的健康运行。

在现代化学校治理中，科学、民主和监督的治理机制，能促进学校的透明度，增强师生、家长和社会对学校的信任，提高决策质量，防止滥权和腐败现象发生。

（一）依法、科学、民主的决策机制

决策机制是指一个组织在作出选择或决定时所遵循的一系列规则、程序和流程。它涉及决策的制定、执行和监督等多个方面，是确保组织有效运作的关键因素。一个健全的决策机制能够促进学校内部的有效沟通，提高决策质量，同时也能够增强学校应对外部变化的能力，在复杂多变的环境中保持竞争力，实现可持续发展。

依法、科学、民主的决策机制是一种旨在提高决策质量、确保决策合法性和合理性的决策体系，它强调在决策过程中遵循法律规定、依据科学原则和尊重民众意愿。在决策中，科学是根本，依法是基础，民主是手段，三者相辅相成，缺一不可。

决策机制要做到依法、科学、民主，那么就要从决策的权力结构、决策主体、决策方式、决策原则和决策的协调与监督等核心要素入手，严格把控。现代化学校决策的权力结构，也就是学校的最高决策层，它是由党组织委员会、校长办公会、教职工代表大会、学术委员会、学生代表大会和家长委员会六大决策主体共同组成。它们分工明确，共同决策学校事项。

现代化学校以学校核心价值观和目标为原则，采取科学的决策方式，在决策形成之前，使用科学的方法、先进的工具和精确的流程，通过数据分析、专家咨询、团队讨论等多种形式，以保障决策的科学有效。与此同时，还要对决策执行的过程进行民主监督和科学评估，确保决策得到有效实施，并对结果进行跟踪和反馈。

1. 依法决策

依法决策是科学决策和民主决策的前提。学校在依法治校的前提下，保障决策的科学、民主。依法决策不仅是学校治理的基本要求，是推进学校治理现代化的重要途径。它要求学校在做出重大决策时，必须依据相关法律法规，通过科学的决策机制来进行。

为了提高学校管理的规范性、透明度和效率，促进学校教育事业的健康发展，学校在决策前，对决策内容要进行合法性审查，确保决策不违反国家的法律法规和政策要求。在决策过程中，严格遵守法律法规，确保决策的合法性、合理性和有效性。

学校管理中的依法，主要依据的是国家的宪法、法律、法规以及学校的章程和内部规定，严格依据国家法律法规相关规定，遵照学校章程，履行学校章程所规定的各自权责和议事规则，严格遵照学校规章制度。

在决策机制上健全集体决策制度，重大决策应通过集体讨论的方式作出，防止个人或少数人的意志取代集体智慧和程序正义。凡是属于有关学校发展方向、基本建设、重大教育教学改革和师生切身利益的事项，要充分听取利益相关者的意见，保证不同类型的决策由不同的决策主体做出，利益相关者有条件有机会参与决策。

坚持"让专业的人参与决策"的原则，在涉及专业性较强的决策时，邀请相关领域的专家参与，提供专业意见和建议，以确保决策的专业性和前瞻性。

依法决策是一个全过程的依法，它不仅要求学校严格遵守法律法规，还要求学校在决策过程中坚持法治精神，确保决策的合法性、合理性和有效性。保证信息公开，决策的过程和结果应当向师生和社会公开，接受监督，保证决策的透明度。健全法律监督机制，对学校的决策执行情况进行监督，确保决策得到有效实施。对于违法决策或者决策失误造成的后果，应依法追究相关人员的责任。

2. 科学决策

科学决策是学校正确决策最核心的要素。科学决策是学校治理的核心，它要求学校管理者在遵守法律法规的基础上，运用科学的方法和工具，结合学校实际情况，进行合理、有效的决策。

为了提高决策的准确性和有效性，避免主观臆断和盲目决策，决策过程中要运用科学的方法和实证的数据，通过专业的分析和研究进行决策。在参与决策的人员方面，鼓励和保障师生对学校重大决策的参与，通过听取师生意见，提高决策的民主性和科学性。

坚持法治与科学相结合，依法治校是学校治理的基础，而科学决策则是依法治校的具体实践。学校管理者在依法办事的同时，也要学会遇事用法，在面对各种问题时，能够运用科学的方法和工具进行分析和决策。

科学决策是一个全过程的科学，在决策之前，要进行事前专家论证、事件推演和事前评审等，防患于未然，保证决策的实用性与有效性。在决策过程中，要充分利用数据分析和实证研究来支持决策，确保决策基于充分的信息和科学的证据。在具体实施后，对决策结果的评估和反馈时，要通过定期评估决策的执行情况和效果，不断调整和优化决策过程。

3. 民主决策

民主决策是以依法决策为保障，民主决策能促进决策的科学性。在决策过程中，要广泛听取和尊重民意，通过公开透明的方式让教职工、学生和其他利益相关者参与到学校管理和决策中，以此来增强决策的社会认可度和有效性，让学校各项决策能更好地服务于师生，促进学校的和谐与稳定。

民主决策，首先要在参与决策的人员上做到民主，因为利益相关者往往有着强烈的利益诉求和参与热情，他们的充分参与能有效解决信息不对称所带来的误解和矛盾等问题，有利于形成"激励相容"的共识性决策，使决策更加理性化和科学化。

因此，学校坚持"利益相关者参与决策"的原则，凡是涉及教师切身利益的政策规定，教师代表作为利益相关者积极参与决策。凡是涉及学生管理的决策，都要充分征求被管理者学生的意见。凡是涉及学生切身利益的重大事项，教师、学生和家长作为利益相关者，都要参与决策并在决策中保障学生权益。民主决策，能最充分地集中民智，反映多元利益，使决策更加公正和全面。

完善中小学家长委员会制度，搭建家长参与学校决策的平台。通过班级、年级和学校三级家长委员会，使家长参与学校管理、监督学校管理，促进家校合作。多渠道吸纳多方主体参与学校决策，让掌握一手信息的人和利益相关者直接参与决策，使各项决策更加符合广大师生的利益和意愿，更加民主，更加科学。

（二）对话式民主共商机制

在学校治理中，民主既是目标，也是手段。对话式民主共商机制是一种基于对话和协商的民主治理模式，通过组织教职工开展广泛讨论与理性协商，就学校重大事务或规章制度形成共识，以此提升管理的科学性，制度的合理性和师生满意度。

学校对话式民主共商机制，强调利用民主对话和共同协商的方式来处理学校事务，确保各方利益都能得到充分考虑和平衡。多元主体参与是民主共商机制建立的前提，也是进行民主共商最简单的途径。

多元主体以什么样的方式参与学校管理，这是最考验管理者智慧的课题。学校建立"自上而下"＋"自下而上"的"上下互通互联"对话式的民主共商机制。

"自上而下"是体现学校在讨论焦点和协商原则等方面的主导性。在讨论焦点上，在学校核心价值观大背景下，将讨论聚焦到对学校发展、教育质量、学生福祉等共同关心的议题上。在协商原则上，首先要保证参与者在讨论中人人都享有平等的发言权，无论其职位高低或身份背景，其次是协商一致，通过充分讨论和协商，在不同意见间寻找共识，形成广泛接受的决策结果。

"自下而上"是在参与主体多元化和持续的对话过程等方面体现最充分的民主。在参与主体上，学校采取各种形式，鼓励教师、学生、家长以及可能的其他利益相关者，积极参与学校事务的管理与决策，理解并尊重各方在文化、社会和个人背景上的多样性，促进更加全面和深入的讨论。在持续的对话过程上，提供全方位全过程的持续共商，定期回顾和调整，定期评估，收集各方反馈，以优化决策流程和提高决策质量。

涉及薪酬、福利等与老师切身利益密切相关的事项，采取了自上而下与自下而上交替进行的方式，既有学校统筹，也有来自教师最基本最全面信息的摸底和群策群力，确保决策事项的科学性和可持续性。在学校层面自上而下，进行宏观指导和科学统筹，发挥方向引领和"红线兜底"的作用。在教师层面自下而上，通过问卷调查、谈心、座谈等形式，全面听取教师的需求和意见建议。

学校成立专项工作小组，建立专项工作小组负责制。小组成员通过选举产生，当选者需具备较强的专业能力和较高的群众威信，他们负责收集整理教师需求信息，负责拟订方案，负责测算薪酬与修改方案。在方案通过教代会后，工作小组负责方案的监督实施，随时回应老师的问询，这一方式有效消除了老师们的质疑，显著增强了他们对学校的信任。

（三）开放互动的监督机制

为了提高学校治理透明度和效率，学校鼓励校内外各方参与监督，并建立开放互动的监督机制。学校重大决策全过程放开，鼓励教师动态参与、实时监督。开放互动监督机制的建立，学校不仅能够及时发现和解决问题，还能够在师生和社会之间建立起互信和合作的良好关系，从而提升学校的整体形象和教育品质。

学校建立了广泛调研、多元化反馈渠道和信息公开等制度。在开展重大决策前，学校广泛征求师生、家长的意见建议，确保重要信息向公众开放，如制度决定、财务报告、教育资源分配、教学成果等，以更好地接受家长和社会的民主监督。

建立多元化的反馈和投诉渠道，例如意见箱、邮箱、热线电话、在线平台等，让师生和家长能够便捷地提出意见和建议。

学校通过引入科学评估和评审监督等形式，随时规范校正重大事项的开展。定期开展内部和外部的评估，检查学校运行情况和教育质量，评估结果及时公开发布，以此作为改进工作的依据。引入第三方审计机构定期对学校的财务和管理工作进行审计，确保资金使用和管理的合规性与有效性。

畅通各种交流、监督和反馈的渠道，定期举办开放日、座谈会、论坛等活动，邀请师生家长及社会各界参与，就学校管理和教育问题进行面对面的交流和讨论。鼓励社会各界人士参与学校监督，充分发挥他们的专业知识和独立性为学校提供建议和监督。对于师生和社会提出的监督意见，及时作出回应，解释情况或采取措施，并在必要时对决策进行调整。

学校工会会费、福利费的使用是最关乎教师切身利益的，学校通过成立专项工作组，费用使用规则和实施在依法依规的前提下，由专项工作组采取座谈、问卷、个别交流等形式，广泛调研征求意见，并经教代会审定后向全校公开。实施过程中，专项工作组成员动态参与并负责全过程监督。每年末，学校依法公开各项财务支出情况，让教师正常行使监督权力，让权力在阳光下运行。

充分发挥外部监督作用，强化社会监督。健全公开制度，对要公开的内容进行明确；要求正确处理学校与社区的关系，建立学校与社区沟通联系制度，及时听取社区和人大代表、政协委员等人士对学校工作的意见建议，这些举措为有效发挥家校社育人合力、营造全方位的育人场域打下了坚实的基础。

开放互动的监督机制，能够帮助学校及时发现和解决问题，为学校提供重要的反馈信息，帮助决策者了解政策和项目实施的效果，从而做出更合理的调整。还能够确保学校资源和机会的分配公正无私，防止权力滥用和不公正行为，在师生和社会之间建立起互信和合作的良好关系，从而提升学校的整体形象和教育品质。

第三章

现代化的学校治理能力

在推进学校现代化治理的进程中，人的现代化是关键。而学校领导者作为学校现代化治理中的"关键少数"，其综合素养和治理能力的高低将直接决定着学校现代化的成败。为了引领学校迈向卓越，现代化学校领导者必须具备一系列核心品格和关键能力，这不仅影响其个人发展，而且对学校的长远发展也会产生深远影响。

现代化学校领导者具备高度的目标使命感、系统思维、专业管理和自我激励的品质。作为学校领导者，对教育事业始终饱含热情，坚持促进学生全面发展的目标使命，以发展教师、成就教师为重点，持续坚持。现代化学校领导者高瞻远瞩、统筹全局，以系统思维，运用高度的专业知识和专业管理能力，从根本上系统性解决办学中遇到的问题。无论面临什么情境，始终以积极阳光的心态，正向激励，在顺境中防范风险，在逆境中寻找契机，引领学校高品质发展。

现代化学校领导者具备公正无私的道德品质和持续自我提升

的决心。公正是获得师生和家长信任的基石。无论在资源分配、奖惩决策还是日常管理中，都坚持公平原则，避免任何形式的偏见和不公行为。无私体现在对教育资源的分配上，确保每个学生都能获得适合其发展的资源和关注，尤其要照顾到边缘群体和特殊需要学生的需求。具备开放的心态，愿意学习新知识、接受新观念，并将其融入教育实践中去。不满足于现状，持续进行自我反思，找出自身的不足和弱点，加以改进。

现代化学校领导者具备依法治校、科学决策、民主管理和公开化治理的能力，以提高学校管理的专业性和效率，增强学校与师生、家长及社会之间的互信与合作。这些能力的培养和实践在现代化学校治理过程中不可或缺，对于促进学校长期发展和提高教育质量具有重要意义。

一、现代化学校领导者必备品格

什么是"品格"？《现代汉语词典》里解释为品性、品行。"品性"是与生俱来的性格、气质特征，而"品行"是人的道德品质。

现代化学校领导者是推动学校发展的关键因素，其个人品格和管理能力直接影响着学校的教育质量和学生的成长环境。中国教育学会副会长、北京第一实验学校校长、新学校研究会会长李希贵，在不断理论研究和实践探索的基础上，研制出学校领导者从基层到高层的领导力素养模型。（图3-1-1）

	基层领导	中层领导	高层领导
关键能力	定义任务和目标 激励教职工 有效沟通 自信地授权 帮助他人解决问题 观察行为 提供反馈和指导 解决冲突	团队目标设定与责权利匹配 问题解决辅导 分权 跨职能协作 对上领导 多任务处理	平衡国家学校家庭教育目标 完善育人模式与治理体系 创造参与型文化与组织认同 领导管理团队
必备品格	诚信正直 先人后己 主动性 合作	以学生为中心 目标感与锚定结果 内驱力 凝聚团队 平衡 同理心	笃定的价值观 使命感 包容 内归因 领导勇气 复原力 谦逊 礼节
焦点	通过他人完成工作	通过构建责权利匹配的团队实现目标	通过推动学校变革完善育人模式

图 3-1-1 李希贵：从基层到高层的领导力素养模型

　　这个素养模型诠释了学校领导者在不同成长层级，应具备哪些必备品格和关键能力。对于基层领导者，诚信正直、先人后己，主动性和合作，这四项必备品格是最核心的要素。对于中层领导者，以学生为中心、目标感与锚定结果、内驱力、凝聚团队、平衡和同理心，这六项必备品格是最核心的要素。对于高层领导者，笃定的价值观、使命感、包容、内归因、领导勇气、复原力、谦逊和礼节，这八项必备品格是最核心的要素。

　　和成为任何一个行业的领军人物不一样，对于现代化学校领导者来说，品格永远是第一位的。任何一个组织，领导者在从基层到中层、高层的成长过程中，越到高层，对关键能力的要求就越少，而对必备品格的要求则越高。

（一）现代化学校领导者的四大必备品格

1. 目标使命感

现代化学校领导者在深刻理解教育、准确把握方向的基础上，形成高度的目标使命感，进而确立学校发展和学生培养目标。对教育的深刻理解和远知卓见，对未来社会需求及教育发展趋势的预见，要求领导者拥有广博的教育知识，具备理论转为实践的综合能力。将学生的成长和教师的发展放在首位，为师生提供最佳的教育和学习环境，为学校长远发展和教育事业高度负责。

现代化学校领导者的目标使命感事关学生的健康成长，事关学校的和谐发展，事关教育事业的兴旺发达，也事关领导者自身的职业实践。这是领导者引领学校适应快速变化的社会环境、满足教育需求和解决面临挑战的关键因素。

现代化学校领导者应对教育事业充满热情，以推动学生全面发展为己任。他们将促进每位学生的潜能发展和性格培养视为使命，致力于创造支持性和挑战性并存的学习环境。这些目标使命感来自领导者对教育纯粹的初心使命，浓厚的教育情怀，宽广的教育胸怀，良好的职业素养，以及高度的责任心和大爱的情怀。

现代化学校领导者要为学校设定清晰的愿景，制定实现这一愿景的具体可操作的策略和方法。明确学校的未来发展方向，确保所有教育活动和策略都围绕这个中心展开。强烈的目标使命感意味着领导者需要在遇到困难时始终坚持，以实际行动激励师生共同克服挑战，不断追求教育的卓越。

2. 系统思维

万事万物是相互联系、相互依存的。只有用普遍联系、全面系统、发展变化的观点观察事物，才能把握事物发展规律。我们要善于通过历史看现实、透过现象看本质，把握好全局和局部、当前和长远、宏观和微观、主要矛盾和次要矛盾、特殊和一般的关系，不断提高战略思维、历史思维、辩证思维、系统思维、创新思维、法治思维、底线思维能力，为前瞻性思考、全局性谋划、整体性推进党和国家各项事业提供科学思想方法。

教育工作是一个大系统，是各种要素的整体综合，涉及社会的方方面面。"当别人说 $1+1=2$ 的时候，如果你是智者就应该思考，如何让 $1+1>2$"。思维的高度将决定事业的高度。深刻理解并科学运用系统思维，能够让我们在更高的层面运筹帷幄，准确把握教育的大方向，才能真正体现教育的价值，展现教育的生机和活力。

学校领导者要运用系统思维方法，全面、深入地分析和解决问题。系统思维是一种整体性、关联性、动态性的思考方式，强调从整体上把握事物的内在联系和发展规律，从而更好地解决问题和实现目标。

学校领导者的系统思维要具有鲜明的整体性、关联性、层次结构性、动态平衡性、开放性和时序性特征。有全局意识、协同意识，注重各项措施整体效果，注意聚合各方力量推动工作。工作中能明确区分层次、分类指导，既有顶层设计和总体目标，也有具体的任务分解，做到"立治有体、施治有序"，"立法有依据，执法有程序"，避免零敲碎打、碎片化修补。把握好工作推进的力度与节奏，既有雷厉风行、马上就办的工作作风，也有闲庭信步的定力。有不同时期举措的配套和衔接，防止单兵冒进、顾此失彼。

3. 专业管理

进入新时代，学校领导者要具备高度的专业知识、管理能力和前瞻性思维，以应对日益复杂多变的教育环境，提升学校整体教育质量。专业管理是学校领导者最核心的必备品格和关键能力。

学校领导者按照专业管理的标准与要求依法办学和依法治校。根据《义务教育学校校长专业标准》和《普通高中校长专业标准》提出的校长应具备的基本专业素质要求，为校长队伍管理提供了依据，并促进了校长的专业发展。

随着教育战略的调整和政策文件的推动，新时代对校长专业发展提出了更高的要求。校长需要不断更新观念，提升管理能力，以适应教育发展的新阶段。

对办学思想的领导是核心。站在组织层面思考学校的办学思想，不能单纯地将个人经验强加于教师，要把个人经验转变为具有普遍适应性的教育思想。学校领导者要成为学校核心价值的代言人，通过价值观引领教职工个体的价值观，实现学校共同发展愿景。办学理念应与学校的实际情况和发展愿景相结合，学校领导者要重视对学校共同价值观的凝练，使之成为激励众人做事的旗帜。

注重专业管理的发展与提升。首先，树立专业意识，明确自身的专业身份，逐步转变对工作职责的理解与认识，成为学生发展的引领者、教师成长的促进者、学校发展的领航者。第二，具备专业知识，掌握教育管理的基本方法、技术与手段，熟悉相关的法律法规与政策规定，理解教师专业素养要求和教师专业发展的理论与方法。第三，提升专业能力，具备对学校发展进行专业诊断的能力，组织开展丰富多彩的校园文化建设活动，建设富有特色的学校课程与教学体系，指导开展教学研究与教师培训。

学校领导者的专业管理需要拥有广泛的知识和技能，具备敏锐的洞察力和灵活的应变能力。面对教育发展的日新月异，领导者要不断提升自身的专业素养和管理效能，以适应教育改革的新要求，推动学校实现高质量、可持续发展。

4. 自我激励

美国著名心理学家艾森克说："所谓激励，是指持续激发人的行为动机的心理过程。激励可以激发人的动机，使其内心渴求成功，并朝着期望目标不断努力。"自我激励是面对逆境时，唤醒内心的力量。它是我们在没有外界奖励或认可时，依然能够坚持目标和梦想的动力源泉。

面对任何情境，我们始终要保持一种积极阳光的心态，正面思考问题，积极看待成败，做好情绪管理，保持内心的平和和坚定。在迎接新的挑战时，善于找出成功的动机，伍的整体素质因为在决定成功的因素中动机占 80%，技巧占 20%，也就是说，"为什么做"比"如何做"更重要。我们不仅要完善自己，也要积极创造支持性环境，构建积极的社交圈，培养有助益的习惯。在面对挫折与失败时，需保持坚韧的品格，在逆境中善于反思与调整自己，从而锤炼出强大的心理韧性和自我修复能力。

（1）做一个自燃型的人

自然界的物质，从是否可燃的角度来分，大致有三类：可燃性物质、不可燃性物质和自燃性物质。可燃性物质指的是接触火源立即燃烧的物质，在生活中表现为给点儿阳光就灿烂。对于这一类人，只要给予一些激励性刺激，就会充满动力。不可燃性物质指的是无论怎么接触火源，都不能燃烧的物质，在生活中他们往往比较漠然，对外界事物漠不关心，对于这一类人，往往很难激励。自燃性物质指的是不需要接触火源，自己就能燃烧的物质，在生活中他们往往拥有强大的内在激情和动力，他们不仅能自我激励，还能激励影响身边的人。

自立者，人恒立之；自助者，天常助之。自燃型的人永远拥有饱满的激情，拥有强大的内驱力，他们能自由掌控自己的人生，自主决定自己的命运走向。所以，自燃型的人面对生活和工作，永远都是积极主动的，而不是被动等待的，他们表现出来的不是"要我做"，而是"我要做"。

那么，在工作中如何成为自燃型的人呢？一个从内心热爱自己工作的人，才会将这份内生的热爱，转化为自我燃烧的动力。所以，我们要热爱我们的工作。当我们所从事的工作与我们内心热爱的事业一致时，那么就全力去爱，全力去奋斗。当我们所从事的工作与我们内心热爱的事业不一致时，也就是所谓的工作非所爱，那么就需要我们转变观念，努力去爱上我们的工作，在工作中找到能激发我们兴趣点的地方。

爱上我们的工作，要善于主动从工作中挖掘成就感和荣誉感。实际工作中，要善于将工作中的大目标分解成一个一个的小目标，成功完成一个又一个的小目标，从而获得一个又一个的成就感，最终在成就感和荣誉感中，增强对工作的热爱。

自燃型的人，往往既能仰望星空，又能脚踏实地。他们心中有理想，有目标，有追求，有高层次的人生目的，同时，也能脚踏实地，尽全力把眼前的事情做好，充实地过好每一天。在面对工作中的困难与磨难时，他们能够正确对待，在他们身上具备弹簧的属性，向下的压力越大，向上的冲力也就越强。因此，他们总能在逆境中找到"绝处逢生"的机会。

（2）高情商的自我激励

自我激励指以成就感为动力，不断追求超乎自身和他人期望的目标。拥有较强自我激励能力的人往往具有强烈的成就动机，始终保持旺盛的生命力，无论面对什么情境，始终乐观向上，失败了也不灰心。

研究表明，一个人在意见被尊重时，在得到他人称赞时，在朋友与他一起同甘共苦时，在被委以重任时，在自我价值得到实现时，在目标明确清晰时，往往会迸发出自我激励的威力。

那么，怎么做到自我激励呢？尤其是在情绪低落时，如何通过自我激励，走出低谷，迅速调整好状态呢？首先，我们可以通过倾诉、游戏、运动、哭泣、呐喊等方式，去宣泄、释放负面情绪，让自己平静下来。其次，我们可以转换注意力，把注意力放在成功的地方，放在能激发自信的地方，唤起内心的激情与动力。第三，适当给自己一些正向的心理暗示，可以告诉自己："我行！我能行！我一定行！""我要立即去做！"，以积极正向的想法，让自己满血复活、充满斗志。最后，不要停留在"想"的阶段，要"做"起来，让自己抓紧行动起来，摸着石头过河，在实践中再去校正。

自我激励具有自主性、持久性和适应性。自我激励的自主性，体现在它让我们有能力掌控自己的行为和决策，而不是依赖外界的指引。自我激励的持久性，体现在其内在动力能够在长期目标追求中提供稳定的动力。自我激励的适应性，体现在具备自我激励能力的人能更好地适应环境变化，因为他们不过度依赖外部条件。

所以，我们要明确目标，将远大的目标分解成一个个可实现的小目标，再配套一个个小奖励。在小目标实现时，给自己一个物质或精神的小奖励，这对于增强个人自信大有裨益。确定了目标后，要立即行动起来，不要犹豫，不要过多地去前思后想，要立即展开行动，可以采取"先开枪，再瞄准"的策略，"摸着石头过河"，在实践中不断去校正自己的行为。

（二）现代化学校领导者的核心品质

现代化学校领导者的综合素质主要包含品德素质、知识素质、能力素质、心理素质和个人魅力，其中品德素质是最重要的素质。作为现代化学校领导者，在核心品质上具有一定的共同点，而这就是核心品质。

现代化学校领导者的核心品质，首先是构建良好的人际关系。在学校治理现代化理念的引领下，学校领导者要推进学校民主管理与多元共治，推动多元利益主体的协同参与，就要处理好各种关系，让学校焕发生机与活力。其次是始终保持积极进取的状态。无论处于什么样的环境，都要保持乐观积极，正向面对。最后是自我情绪的调节与管理。在实际工作中，尤其是人际交往中，能有效调节情绪，推进工作发展。

1. 人际关系

关系是教育发展的第一生产力。教育学就是关系学，因此，校园内，要积极构建良好的师生关系、生生关系、干群关系、同事关系。在校外，构建有利于学校发展的良好的家校关系、校社关系。构建良好的校内外关系，营造出一种"有情有义相处、有声有色工作、有滋有味生活"的人文环境。

在管理学视域下，学校管理中最重要的是要处理好几大关系中谁是第一的问题。在师生关系中，坚持学生第一的原则。在干群关系中，坚持教师第一的原则。在同事关系中，坚持共赢第一的原则。在家校关系中，坚持家长第一的原则。

在教育学视域下，学校最重要的关系网络是构建平等尊重的师生关系、包容和谐的干群关系、合作共享的同事关系和同心同向的家校关系。理顺教育中的这四大关系，就是体现教育中的学生本位，管理中的教师本位，让管理价值流向学生中心，让家校合力汇聚于学生成长，时时处处体现了以人为本。

（1）平等尊重的师生关系

建立平等尊重的师生关系，要坚持学生第一的原则，确立正确的学生观，牢固树立"一切有利于学生成长和发展"的理念。教育中只有真正尊重学生，平等对待学生才会发生。而只有将学生还原为拥有独立自主的人格，是与教师一样，平等的、独立的、发展中的个体，才能保障他们的生存权和发展权，尊重他们的人格尊严。

建立和谐的师生关系，在教育中就要确立"育人大于育分，养成大于速成，内化大于灌输"的教育观念。要把教育的目标放在基于孩子一生的成长来看，不因一次的成败与得失论英雄，教育需要我们下慢功夫。

只有把学生的成长放在其终身发展历程中看待，才能让教育回归到育人的初心，教育的过程才会更加平和，符合教育的规律，教育的方式方法也才会更加科学，符合学生的认知规律和成长规律。

（2）包容和谐的干群关系

建立包容和谐的干群关系，要坚持教师第一的原则，将"以教师为本"作为人本教育理念下的学校管理准则。在"以人为本"的管理中，时时事事紧紧围绕教育教学一线，以师生成长为核心价值取向，遵循"管事先管人、管人先管心、管心先知心"的规律，处处体现教师本位。

以教师为本，首先要相信教师。相信教师拥有强大的管理才能和无穷的智慧，呵护教师积极参与学校管理事务的热情。学校通过调查问卷、意见征询、专题座谈、谈心谈话等形式，主动创造条件，搭建平台，畅通渠道，让教师有机会参与到学校管理中来。在征集到的意见中，学校主动积极采纳教师提出的合理化意见和建议，并且付诸实践。

以教师为本，其次要培养教师。以教师的成长为己任，注重引导和帮助教师的成长，将教师个人成长目标与学校发展目标相链接。将学校目标内化为教师认同的理想，纪律内化为教师认同的思想。学校构建不同层级教师的成长项目，目标引领，任务驱动，提升教师综合素养和专业技能。

以教师为本，再次要尊重教师。尊重教师的治学自由是对教师最大的专业尊重，专业的领域让专业的人去引领，因此，学校的学术委员会等专业组织，学校行政不予干预。尊重教师的岗位自主选择性，在学校岗位的安排上，采取双向聘任，充分尊重教师个人的意愿，力争让每一名教师能在自己热爱的岗位工作。尊重教师的专业发展自主权，教师对个人专业成长负责，自主选择个人专业、发展方向和发展速度。

以教师为本，最后要关怀教师。学校着力营造民主和谐的工作氛围，给教师创造能激励人、鼓舞人的工作环境。通过机制改革保障教师权益，构建民主共商机制，给予教师充分的民主参政议政权，构建公开透明的监督机制，给予教师公平公正、公开透明的监督权利，切实保障教师权益。通过人文关怀温暖教师，改善办公环境，增设运动健身器材，修建教师茶室、书吧等，增进教师对学校的认可度和归属感。

（3）合作共享的同事关系

建立合作共享的同事关系，要坚持共赢第一的原则。在充满机遇与挑战的学校环境中，教师之间既有竞争更有合作，因此，建立合作共享的同事关系，打团体仗，凝聚众人的合力，不仅有助于创造一个积极的工作环境，还能促进个人成功和学校教育质量的整体提升。

一个人的最大价值是成长自己、成就他人。教学研究需要个人独立思考，往往也需要通过讨论交流，碰撞出思维的火花，凝聚集体智慧。学校要构建有利于合作分享的评价导向，减少会引发内部激烈竞争的高厉害的个体性评比，多开展一些团队评价，引导教师在校内合作，与外部竞争。

日本佐藤学就曾经提出要建构"相互开放教室"，佐藤学认为当前不能做好开放教室的原因主要有：一是教师自身不愿意在同事面前暴露自己的弱点，不愿意别人干预自己的课堂。二是教师不愿意听到别人批评自己的工作。三是目前学校的教学研究活动规定过多过死，没有朝着多样性的方向发展。四是教学研究时，教师指出不同意见的方式方法，可能会让人难以接受。

所以，学校要营造开放包容的环境，提倡教师们打开各自的教室门。让上课的教师心甘情愿地接受公开评论，也让其他参加者自觉地产生"下次公开课我来上"的愿望。在相互开放的教室中，围绕创造性教学和教研制度，形成在作为专家的教师们之间，互相培养"合作性同事"的关系。

（4）同心同向的家校关系

建立同心同向的家校关系，要坚持家长第一的原则。家庭与学校不仅是孩子教育的重要主体，更是孩子教育的两个"责任主体"。家庭和学校的关系是教育生态的重要一环，构建同心同向和谐的家校关系，做好家校共育，才能更好助力孩子的成长。

学校作为学校治理的主体方，需要统揽全局、协调校内外各方，尤其是在家校关系中，学校要承担起主体责任，积极主动与家长沟通，以有利于学生成长为目标，建立起家校的和谐关系，使学校治理在稳定、向上的氛围中推进。

在孩子成长过程中，家庭、学校要发挥"双主体"作用，都对孩子成长起着关键性作用。孩子终身成长与家长、家庭息息相关，家校在教育孩子方面应该是责任共担、义务共存、快乐共享、成长共赢的教育合伙人。

2. 积极进取

每个人的人生境遇不同，所秉持的人生观就不同，也就有不同的人生态度。一种是积极进取的人生态度，一种是消极避世的人生态度。现代化学校领导者应具备积极进取的人生态度，在面对工作困难、人生困境时，始终保持认真、务实、乐观和进取的态度。

积极进取的人要以认真的态度对待人生，严肃思考人的生命应有的意义，明确生活目标和肩负的责任。积极进取的人始终相信生活是美好的，前途是光明的，在生活实践中不断调整心态，磨炼意志，有着乐观向上的人生态度。

积极进取的人能正确对待生活中偶尔的"躺平"和"摆烂"，这些状态只是我们在奋斗遇到困境时的反应，不能将其作为自己相对稳定的一种人生态度。积极进取的人总是以一种开拓进取的态度，迎接人生的各种挑战，不断领悟美好人生的真谛，体验生活的快乐和幸福。

（1）准确正向的自我认知

老子《道德经》有云："知人者智，自知者明。胜人者有力，自胜者强！"意思是：能了解他人的是聪明的人，能了解自己的是有大智慧的人。能战胜别人的是有力量的人，能战胜自己的才是真正的强者。可见，准确认识自己是一件很难的事情。

无独有偶，在印度，有人问泰戈尔："世界上什么最难？什么最容易？什么最伟大？"泰戈尔回答："认识自己最难。指责别人最容易。爱最伟大。"由此可见，准确的自我认知，确实不是一件简单的事情。

自我认知指的是认识并理解自身情绪、情感和内驱力及其对他人的影响。我们要能敏锐察觉自己的情感，理解情感产生的深层原因，清楚为什么情绪会无法控制？是什么在促使自己冲动？能认识到它对工作、对人际关系的影响，知道什么样的情境会触发自己的情绪，并能及时调整并适应情绪。我们要能看到社会中的我，清晰地知道自己在各种社会关系中的角色以及各自的权利和责任。我们要能看到生理的我，要清楚自己的年龄、身高、体重、外貌等。我们要能看到心理的我，要明晰自己的智力、性格、气质、爱好等。我们还要能看到变化中的我，因为自我是不断变化的，我们要用发展的眼光看到自己的进步和变化。

我们要对自己有一个正向的自我认知。我们要能客观准确地评价自己的优势与不足，既要知道自己的优势，又能正视自己的短板，善于扬长避短，巧妙弥补短板。同时，每个人都有一个自我激励的点，我们要清楚地知道自己的激励点，善于自我驱动、自我激励。无论面对什么样的情境，始终能正向认识自己，完完全全地接纳自己，在低谷时能看得到自己，在高峰时能看得到别人，不因一时一事而影响对自己的认识。善于对自己进行积极的心理暗示，善于自我肯定，对自身能力有极强的正面认识，始终对自己充满信心。

（2）始终相信自己

始终相信自己是内心足够强大的表现。相信自己，是在正确全面认识自己和别人前提下获得的，知己知彼，不盲目自负自大，也不自惭形秽。基于客观准确认知的自信，是有坚实基础的自信。

自信往往有以下三种：能力自信、非能力自信和潜能自信。能力自信是我们最常见的一种自信，当我们有能力做好某件事，我们自信能做好，这就是能力自信。非能力自信比较难理解，现实中，总有一些我们"力所不及"的事情，对于这些我们能力达不到的事情，我们能够坦然承认、接受，并且选择不去做，这份坦然就是来自非能力自信的强大力量。潜能自信指的是工作中那些我们没有能力完成，但是又不得不去做的事。对于这一类事情，我们拥有强大的信心，自信能完成，并且尽全力去完成。

那么，如何建立自信呢？首先是要悦纳自己，要正确地看待自己的优势和不足，善于自我激励。其次，要有意识地制造一些小胜利，累积一些小自信，要学会正向反馈和自我激励。第三，善于不断地超越自己，不要给自己设置上限，不要过被定义的人生。第四，学会积极的心理暗示，要善于自我肯定。第五，尽可能把有限的精力集中在擅长的事情上，学会坦然面对自己的错误。

3. 情绪管理

情绪是人对外界刺激的一种自动的生物化学反应，它是一种本能反应，也是一种毫秒级的反应，很难隐藏，也很难干预。

情商，则是指人觉察、运用、理解与管理自我和他人情绪的能力。即：了解自身情绪、管理自我情绪、进行自我激励、识别他人情绪、协调人际关系。

高情商是能处理好自己的情绪，用情绪的力量帮助解决问题。能处理好团队成员内心的情绪，共赴目标。简言之，高情商是控制管理好自己的情绪，不影响自己。不恶化他人情绪，使交流保持一个良好的情绪环境。

（1）高情商的情绪识别

情商大师丹尼尔·戈尔曼曾说过："情商是最根本的领导力！"拥有高情商的领导者往往能以高尚的情感鼓舞人，以个人魅力激励人，因此，他会拥有众多的追随者。高情商的领导者善于识别自我情绪和他人的情绪，并乐于通过营造民主氛围，运用科学管理，使人们信服，愿意追随。在面对任何突发事件时，他都能理性应对困境，果断正确决策，有很强的逆境承受力和冷静判断力。

高情商的领导者，在情绪识别方面，总是朝着"双赢"的方向，既能关照自我，又能关照他人。他拥有准确的自知之明，知道自己的情绪，明白自己的情绪触发点，并深刻理解情绪背后的深层原因。他有很好的情绪管控能力，能理性调控自己的情绪，在需要发怒的时候有意识爆发，在需要平和相处时，又能做到理性而坚定。高情商领导者还能识别他人的情绪，知道别人的情绪背后，隐藏着什么样的动机和原因，并及时找到解决方案。同时，在行动中，充分尊重他人的情绪，能够换位思考，客观承认并真正理解他人的情绪。（图3-1-2）

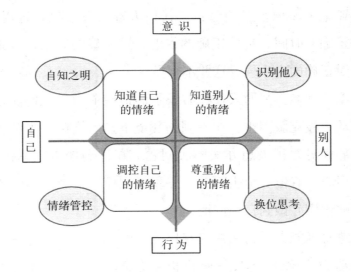

图3-1-2 高情商的情绪识别图

（2）高情商的情绪管理

情绪每个人都有，高情商的领导者善于管理自己的情绪，他让理性带领情绪，往正确方向去奔跑，这是对情绪的理性控制能力。对情绪理性控制的能力一旦获得，就能把内心的能量包括团队中更多人的能量聚集到一起，形成更强大的战斗力。

情绪管理是指控制或疏导负面情绪和破坏性冲动的能力。情绪管理能力强的人往往具备诚实可靠的品质，敢于说"不"。能坦然面对不确定的局面，处事不惊。在面对变革时持一种开放的态度，善于内省和深思。

高情商的领导者往往拥有情绪管理力，能理性看待自己的情绪和他人的情绪。善于驾驭和控制自己的情绪，理性控制破坏性冲动。亚里士多德曾经说过："任何人都会发脾气，这很容易。但是在正确的时间，带着正确的目的，用正确的方法，以正确的程度，对正确的人生气，这并不容易！"

情绪管理能力强的人往往有很强的适应能力，他们能适应环境，主动积极克服困难。在不利的环境下，始终保持平和积极心态，冷静面对并积极想办法解决问题。在遭遇挫折或者挑衅时，能够有耐心、有恒心地去面对，并积极回应。在个人情绪不稳定时，能够识别并做到自我调控。

情绪管理能力强的人往往有比较强的成就导向，拥有追求卓越的内动力。始终处于一种积极主动的状态，时刻准备抓住机遇。

二、现代化学校领导者关键能力

在教育现代化视域下，学校领导者在治理过程中，不断更新现代化教育理念，变革学校治理结构，完善学校三级制度体系，提升现代化学校治理能力，实现学校从传统治理向现代治理转型。学校治理现代化进程中，各治理主体要懂治理、能治理、善治理，加强现代化学校治理能力，把现代化学校建设的制度优势充分发挥出来，把制度体系的潜能充分挖掘出来，成为学校治理的现实形态。

现代化学校治理中，如何凸显和落实学校办学治校的主体地位，如何进一步调动和激发干部教师的内生动力，如何调整学校治理结构以发挥各主体积极性与创造性，如何健全学校治理机制以增强学校发展在管理上的支持保障能力？这都需要学校领导者具备现代化管理能力。

（一）现代化学校治理中的四大关键能力

《中国教育现代化2035》提出推进教育现代化，要大力推进教育理念、体系、制度、内容、方法、治理现代化，着力提高教育质量，促进教育公平，优化教育结构。

一个好校长就是一所好学校，现代化学校领导者治理能力提升，需要在理念上与时俱进，在治理结构上科学合理，在方法上创新有效，在文化建设上注重导向。现代化学校治理中，要求领导者具备依法治校能力、科学决策能力、民主管理能力和公开化治理能力。

1. 依法治校能力

《国家中长期教育改革和发展规划纲要（2010—2020）》明确提出，要建设"依法办学、自主管理、民主监督、社会参与"的现代学校制度。这就要求学校领导者和老师在办学治校和教书育人过程中运用法治的思维方式，心中有法度，行为知敬畏，做事严格依法依规。

《中国教育现代化2035》明确指出：推进教育治理体系和治理能力现代化。要提高教育法治化水平，构建完备的教育法律法规体系，健全学校办学法律支持体系。健全教育法律实施和监管机制。提升政府管理服务水平，提升政府综合运用法律、标准、信息服务等现代治理手段的能力和水平。

现代化的学校治理能力离不开依法治校，严格遵守国家法律法规、国家政策、教育方针、教育规律的基本框架。学校内部治理体系的建设要坚持在党组织的领导下，依法依规办学、遵循教育规律办学、民主办学，构建科学的治理格局，合理配置与重构学校内部力量。

法定职责必须为，法无授权不可为。学校领导者必须严格遵守国家关于教育的各项法律、法规和政策，确保学校的所有行为都在法律框架内进行，包括师生权益保护、财务管理透明度、合同的合法性等方面。现代化学校治理涉及多项法律法规，如《中华人民共和国宪法》《中华人民共和国教育法》《中华人民共和国义务教育法》《中华人民共和国教师法》《中华人民共和国未成年人保护法》以及教育行政管理部门颁布的行政法规等，这些法律法规是学校治理的基本依据，是进行学校治理的基本前提。

学校内部治理过程中，基于国家法律法规，结合学校实际情况，制定一系列内部管理规定和实施细则。各项规章制度在制定过程中，要吸纳利益相关者参与进来，共同协商哪些是我们倡导的，哪些是严令禁止的行为。只有利益相关者参与意见和建议，这样的制度才更符合广大师生切身利益，更具有生命力。

为了创建一个有序的管理环境，在执行制度的过程中，学校领导者要带头严格遵守。教学、科研、学生管理、师资培养等方面的制度，不仅仅是约束师生的，更是对学校领导者办学和管理的一个约束。学校领导者要坚持用法治思维和法制的方式解决学校管理中遇到的问题，依法办学、依法治教、依法执教，把学校治理行为放在法律法规框架下衡量。

学校要在师生中进行法治教育与培训，进行法律法规以及校内规章的学习与培训，增强师生法律意识，预防法律风险的发生。通过举办讲座、研讨、座谈等形式，让每位教职工了解并掌握相关的法律知识。校长依法办学，教师依法治教，一切有法可依，美好自来。

2. 科学决策能力

每项治理措施的出台，都是一次决策行为。决策科学与否，直接影响着学校治理的成效。为了保障决策的科学性，要科学运用信息化工具，尤其在前期调研时，要充分利用数据驱动决策过程，通过大数据，收集整理相关数据和信息，通过科学分析，为决策提供依据，如学生成绩、教师绩效、资源利用情况等。运用科学的分析方法和技术手段，比如数据挖掘、预测模型等，为决策提供依据。

在学校治理现代化进程中，最大的失误是决策上的失误，给学校造成最大的损失是决策失误造成的损失。那么，如何有效避免决策的失误，提高决策的接受度和满意度呢？从学校治理结构和治理体系的构建上，可以通过构建多元主体的决策层，实施参与式、民主共商式的决策机制，鼓励教职员工、学生、家长以及社会有识之士参与到学校治理中来。针对涉及面比较广泛的事项，可以通过开展网络调查问卷、主题论坛、专题研讨等方式，收集广大师生、家长和社会人士的意见和建议。这种决策的形式，能有效保证决策层听到各种不同的声音，有效利用群众的智慧来优化决策。

在面对重要决策前，通过建立"双评估"机制，即：效果评估和风险评估，进行风险管理。双评估从成效和风险两个方面，测评决策可能带来的成效、后果和风险。随后根据评估结果，制定相应的应对措施，确保决策的过程具有前瞻性和应变性，以减少不利影响。

学校通过完善责任倒查制，加大监管的力度。所有决策，都要防止主观性和盲目性，尽可能减少人为风险。邓小平说过："制度好可以使坏人无法任意横行，制度不好可以使好人无法充分做好事，甚至会走向反面。"通过责任倒查制度，约束公权力，防患于未然，把腐败消灭在萌芽前。

3. 民主管理能力

公平的资源分配是民主管理的前提，学校领导者要确保教育资源的分配既高效又公平，要满足不同学生和教师的需求。例如，根据学生人数和教学需要合理分配教室和设备等资源，根据教师表现和专业发展需求匹配培训机会，根据师生的实际需求提供最适切的帮助与人文关怀。

民主管理的本质在于真正调动起师生的积极性、主动性和创造性，激发起主人翁的责任感和自豪感，让他们愿意作为学校发展核心力量参与到管理中来。学校建立透明的决策过程，所有的决策过程都对所有利益相关者公开透明，包括决策前的讨论、决策中的依据、决策后的实施过程及结果。这样可以增加信任，降低误解和冲突。

不仅如此，学校主动吸纳教师、学生和家长参与学校管理。充分发挥教代会和学代会的主体作用，定期召开教代会和学代会。凡涉及教师切身利益和学校改革发展的大事，都要通过教代会，征集教师的意见和建议，为教师参与学校管理搭建平台。凡涉及学生切身利益的事情，如学校大型活动的组织安排，学生最喜爱的社会实践活动，学校公共区域的文化建设和学生校服的设计及着装规则等，都要召开学代会，组织学生代表参与讨论，把参与权和部分决定权还给学生自己。

充分发挥家长和社区等周边力量在学校管理的监督作用，引导他们一起参与学校办学，参与学校管理。学校成立由教师代表、学生代表和家长代表组成的膳食委员会，家长代表一起参与学生食堂和食品安全的督查,膳食委员会定期不定期检查食堂工作,对食材的进货渠道、加工过程和学生就餐时的服务过程实施360度无死角的监督,真正做到阳光餐饮,让家长放心。

在教师、学生和家长中建立畅通有效的沟通渠道,保持沟通渠道的开放性、公开性。沟通的过程则采取自上而下和自下而上双向沟通的形式,通过定期集会、内部通讯、在线平台等多种方式,在学校领导者和教师、学生、家长之间,架设起畅通无阻的沟通桥梁,让每个人都有机会表达自己的观点和听取他人的意见。

4. 公开化治理能力

让权力在阳光下运行,公开是最好的"防腐剂"。健全信息依法公开机制,学校利用网站、微信公众号、公示栏等多种平台和渠道,分层分级主动向师生、家长和社会公开学校的财务报告、招生政策、重大活动信息等,确保所有利益相关者及时获得重要信息,保障其知情权。

构建信息公开监督检查机制,完善学校信息公开工作"分级负责,部门为主"的管理格局,不断推进信息公开工作的规范化、制度化和科学化。学校完善信息公开流程,多渠道多形式主动公开依法应公开的信息,部分信息按照依申请公开的程序规范进行,对于不予公开的情况,学校依法依规进行回复和解答。

学校与家长、社区以及其他教育机构建立良好的沟通与合作机制,不仅向他们传达学校的发展动态,也邀请他们参与到特定项目或活动中来,形成有利于学校发展的外部环境,开放办学,增加学校办学的透明度。

建立有效的信息反馈机制，鼓励内外各方对学校工作给予合理的建议和评价。认真对待收到的意见和建议，对于可行的建议，积极采取实际行动进行调整，目前尚不能实行的意见和建议，则及时回应，给出解释和说明。

（二）现代化学校领导者的核心领导力

老子《道德经》有云："太上，不知有之；其次，亲而誉之；其次，畏之；其次，侮（wǔ）之。"这是老子的领导观。意思是：最高层级领导者，大家并不知道其存在。第二等领导者，民众亲近他称赞他。第三等领导者，大家畏惧他。最末等领导者，人民轻蔑他。由此，领导力有四个层级：最低劣的是要弄权术，欺上瞒下，第二层级的是控制约束人的行为，第三层级是以身作则，最高层级是无为而治，无为而无不为。

领导，即带领引导。它有三层含义：一是指领路、引导，走在队伍前头的人；二是为实现组织目标，动员组织下属，朝着既定方向前进的行为；三是让下属做你期望实现、他又愿意做的事情的一项艺术。领导力是一种让人愿意追随的能力。如果说管理是通过他人完成任务，那么领导是要求他人真心地信任你，并且愿意死心塌地地跟随自己，无论面对任何困难和挑战都不放弃的行为，而领导力则是这种能力。

根据领导者能力模型图所示，领导者能力主要由认知能力、技术能力和情商能力三大能力构成。一个领导者，随着职务的升迁，这三种能力在不同阶段，其成长性和重要性也不尽相同。认知能力如系统思维、大局观念和长远眼光等，在领导者成长的各个阶段都很关键，都很重要。技术能力如专业技术、专业能力等，在领导岗位的初级阶段是十分重要的，但随着职务的升级，它的重要性反而微不足道了。情商能力如自我认知、自我管理、自我激励、换位思考和人际交往等能力，随着领导者职位越高，其作用就显得越重要，也越能彰显其影响力。（图3-2-1）

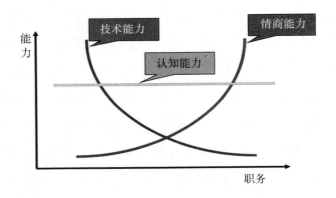

图3-2-1　领导者能力模型图

1. 关系领导力

学校不是孤立的，它是社会的一部分。学校领导者通过加强学校与社区的联系，利用学校资源为社区服务，如周末和寒暑假期间，向社区开放体育设施、组织社区教育活动等，提升学校对社区的贡献度。在校内，学校领导者通过构建良好关系，激发内生动力，促进学校发展。因此，我们这里所说的关系，是从对内对外关系的构建两个层面来讲的。

对外关系的构建，也就是我们常说的公共关系管理，指的是在教育现代化视域下，学校领导者要重视在跨职能、跨角色和跨组织边界的人群中建立合作共赢、互帮互助的公共关系，促进政府、家庭、社区等社会各界对学校发展的重视与支持。另一方面，鼓励学生参与社区服务和公共事务，培养学生的社会责任感和参与意识，以促进学生全面发展，构建更加和谐的社区环境。

对内关系的构建，指的是学校领导者在学校内部构建的干群关系、师生关系、人际关系等等，和谐的干群关系能保证管理的顺畅，融洽的师生关系能促进教学的效果，良好的人际关系则是整个组织健康发展的基石。良好的内部关系不仅能提升学校的教学质量和工作效率，还能促进师生之间的和谐互动，提升学校的整体水平。

（1）公共关系管理

办好教育事业，家庭、学校、政府、社会都有责任，学校必须重视家校沟通与合作，还要处理好与教育行政主管部门、教学支持机构、社区、辖区派出所等各个部门之间的公共关系。学校领导者在维护和提升学校形象、处理学校与社会各界关系的过程中，要重视公共关系管理，创建积极、开放、协同、互惠互利的教育生态，推动形成学校积极主导、家庭主动尽责、社会有效支持的协同育人格局。

公共关系管理是现代化学校领导者职责中不可或缺的一部分，它不仅涉及对外的沟通和协调，还包括校内公共关系的营造和维护。学校领导者公共关系管理能力直接关系到学校的声誉、影响力和发展潜力。

一位优秀的领导者要具备高瞻远瞩的布局能力、专业管理能力、人际包容精神和持续学习的态度，能够在不断变化的教育环境中，有效地管理学校公共关系，推动学校向着更加美好的未来发展。拥有良好公共关系管理能力的学校领导者一般具备以下四个典型特征：

一是平衡的动机，学校领导者在管理过程中展现的平衡动机，具体体现在他们如何将"以生为本"、立德树人的初心使命与为社区为社会创造公共价值的目标相融合。教育的核心是学生的成长和发展，立德树人是教育的根本任务。学校领导者在制定政策和日常决策中始终要优先考虑学生的利益。例如，课程设计、教学活动安排、评价体系构建等都应围绕学生的个性化需求和最大化潜能发展进行。通过建立正确的价值观教育、品德教育以及公民意识的培养，努力将学生培养成有责任感、有创造力和有能力适应社会发展的人。学校领导者在推动学校发展的同时，需要处理内外部各种关系，平衡各方利益关系，在资源分配上，公平合理地考虑各方面的需要和利益，既要保证学校的教学质量和教育投入，又要考虑到社区和社会的需求，实现资源的最优化配置。

二是情境理解力，学校领导者的情境理解力是他们在管理学校时不可或缺的一种能力。这种能力使领导者能够对学校内外的各种复杂情境有着深刻的理解和洞察，从而做出更为精准和有效的决策。学校领导者深刻理解教育政策与趋势，对国家教育政策、教育改革动向有深入的了解和分析，能够预见这些政策和趋势给学校带来的影响和挑战。基于对教育环境的理解，领导者能够及时调整学校发展战略，确保学校的教育理念和实践与时俱进。通过日常的观察、沟通与交流，领导者能够了解教师和学生的需求、期望和面临的困难，能准确捕捉师生需求与期望。对于捕捉到的信息，领导者需要进一步分析和解读，找出问题的根源，制定出具体可行的解决方案。

三是沟通协调力，学校领导者与外部利益相关者，如上级教育主管部门、家长、社区领袖及合作伙伴等保持良好沟通。通过定期召开家长会议、参与社区活动、与教育主管部门定期交流等形式，建立起良好的日常关系链接。学校领导者能有效应对紧急情况与危机，在面对负面事件或危机时，能迅速理解情况，并作出判断与决策，调动各方力量，有效应对和处理，及时准确地向公众传递信息，采取措施，尽量减小危机对学校声誉的影响。

四是整合资源，学校不是孤立存在的，它与社会紧密相连。学校领导者要对社会经济、文化等宏观环境的变化保持敏感，理解这些变化对学校教育和管理可能产生的影响。利用外部资源，如与其他教育机构、企业、社区合作，为学校带来新的发展机遇。一方面，拓展合作资源，主动与外部机构、企业等建立合作关系，为学校引进更多资源，如资金支持、实习机会、科研项目等。另一方面，开展校企合作发展，与企业合作开展实训基地建设、产学研结合等项目，提高学校的教学质量和社会服务能力。

（2）内部关系构建

一个具有高效组织结构和健全制度的学校，能够吸引和留住优秀的干部教师，为学生提供更高质量的教育，促进学生全面发展。学校领导者通过学校组织结构变革和制度建设，帮助干部教师在工作中激发出最大潜能，更好实现职业理想，为学校发展、为学生成长做出贡献。

优化组织结构，明确各部门、各岗位的职责与权限，确保工作高效有序进行。加强不同部门之间的沟通与协作，打破信息孤岛，促进资源的有效整合和利用。根据教育教学需要，灵活设置或调整组织机构，如项目组、课题组等，以适应快速变化的教育环境。

完善学校制度，建立公平有效的激励机制，对教师的创新教学、科研成果等进行奖励，激发教师的工作热情和创造力。建立干部教师职业发展制度，为干部教师提供职业发展规划路径，包括职称晋升、专业培训、学术交流等，为干部教师提供培训和发展的机会，帮助教师实现职业理想。建立透明沟通机制，确保管理决策过程的透明度，让干部教师了解决策背后的理念和原因，增加其主人翁意识。

培养共同价值观，构建学校发展的共同愿景，让每一位教师都能在学校发展中找到自己的位置和价值，为共同的目标努力。文化引领，培养干部、师生共同的核心价值观和使命感，增强凝聚力和向心力，营造一个和谐、积极、具有战斗力的校园环境。定期组织团队建设活动，增强教职工之间的交流与合作，提升团队的凝聚力和战斗力。营造一种开放、包容、鼓励创新的校园文化，让教师敢于尝试新方法，不断探索教育教学的新领域。

关注教师福祉，学校主动作为，改善教师办公条件，创造舒适的工作环境，减轻教师的工作压力。关心教师生活，为有需要的教师及时提供必要的帮助和支持，让教师感受到学校大家庭般的温暖和关怀。为教师提供健康检查、心理咨询等服务，关注教师的身心健康，提高教师的工作幸福感。

学校领导者注重情感沟通、认可赞美和人文关怀，创建开放包容的工作环境，营造温馨和谐的工作氛围，以激发员工个体的积极性与主动性，促进员工的团队合作和创造力。在学校管理中不仅关注任务完成，更注重员工的情感需求和个体差异，强调通过有效的人际互动实现领导者与团队的共同成长。因此，在学校内部的冲突中，领导者善于把控局面，把握适时妥协的艺术，注重营造整体育人氛围和和谐相处的工作氛围。

学校领导者的关系领导力能够增进教师之间、干群之间的沟通合作，把学校建设成一个共建共享的学习型组织，使学校作为整体的高质量发展步入良性循环。老师们在积极的社会关系和人际氛围中工作，精力会更旺盛，思想会更开放，思维会更活跃，工作绩效也会随之提升。

（3）关键性关系建设

在我们的人际交往中，很多人可能只是我们生命中的过客，和我们只是一面之交。有一些人和我们的工作生活联系比较密切，随着交往的增多，对彼此的职业、家庭、兴趣、爱好和性格特征有了更多的了解，逐渐发展成为熟人。有一些人在世界观、人生观和价值观上和我们高度一致，因此，成为我们的支持者和拥护者。其中有一些人和我们有共同的兴趣、爱好，可能会进一步发展成为亲密的朋友关系。最为重要的一些人，他们是我们生活中的贵人，总能在关键的时候挺身而出，助人成长，这种非家人但胜似家人的关系就是我们常说的生命中的"贵人"。"贵人"正是这种关键性关系的典型代表。作为学校领导者，要有意识地建设这种关键性关系。

关键性关系的双方一定是相互信任的，他们在事业、生活上能够相互支撑，在一定时间内这种关系是相对稳固的，他们之间能够相互增值。毋庸置疑，我们的领导往往是我们的关键性关系，但是关键性关系要想持久，必须双方都能成为彼此的关键性关系，这样，才能建立起同盟。因此，如何让我们成为领导的关键性关系，这是最为重要的。

如何建设这种关键性关系呢？我们要做到"四个同"：同向、同心、同行、同道。同向指的是目标方向趋同，我们要重点关注领导重视的事，要实现你和领导在方向上的高度一致。同心指的是价值观趋同，我们要坚定支持领导的关键任务，在一些新的改革关键事项中成为团队中不可替代的人物。同行指的是行动趋同，我们要善于借领导的"力"去推动工作，让我们的成功有领导"力"的痕迹，在取得成功后要归功于上，进一步激发领导对你的扶持与帮助，巩固你和领导之间的信赖关系。同道指的是以"淡泊名利"的态度，赢得领导的信任，我们要着眼于工作在学生身上所体现的成效，淡漠个人名利，个人始终低调沉稳，与周边同事处理好人际关系，通过强大自己实力，赢得尊重与信任。

2. 团队领导力

拿破仑曾经说过，一头狮子带领 99 只绵羊可以打败一只绵羊带领的 99 头狮子。这里凸显的是团队中领导者的关键作用。一个团队区别于一个群体，最主要的就在于领导者是否拥有强大的团队领导力。

什么是团队？团队与群体有何差异？所谓团队，是一群为了实现共同目标或完成共同任务而紧密结合在一起、互相高度依赖的人。每一个团队内部，每个成员都各有特色，尺有所短，寸有所长，作为一个好的组织，就是要把所有成员的优势融合、凝聚起来，它不是简单的成员能力的叠加，而是要构建一种良好的关系模式。

团队领导力，指的是领导者在团队中引导、激励和管理团队成员，取得共同目标和任务的能力。那么，如何打造一个有强大战斗力的团队呢？领导者要善于根据成员的能力和个性特点，扬长避短，给成员分配最适切的工作，在工作中出现失误时，领导者积极帮扶和支持，在关爱中去改进。领导者要学会放手，大胆授权，发挥成员的积极性和主动性，使团队自我进化，成员自我成长。

（1）明确目标

一个高效能的团队需要有一个深入人心的明确目标，学校管理要坚持以目标为导向，学校领导者将学校的愿景、明确的工作目标和方向传达给团队成员，让成员们更好地打造切实可行的行动计划，并不断地调整和完善。

目标明确后，还需要取得团队的共识。确保团队成员对这些目标有共同的理解和认同是确保成功的关键一步，只有整个团队都对目标达成共识，在后期执行的过程中，工作才能更加主动，从而取得更好的效果。

在现代化学校治理过程中，要进行参与式目标设定。在设定目标的过程中邀请干部教师、学生和家长代表参与，听取大家的意见建议，凝聚众人的智慧，以增加他们对目标的认同感和责任感。要创建一个开放的环境，鼓励干部教师和学生、家长代表提出对目标的反馈和建议。这不仅能增强参与感，还可能揭示潜在的问题或提供改进目标的机会。

当然，学校的发展是动态的，目标也应该是动态的。学校领导者要根据团队的进展和外部环境的变化，适时对目标进行调整。定期检查目标进度，并与团队进行沟通，可以帮助保持目标的相关性和实现的可能性。

学校领导者要通过一对一的会谈、问卷调查等方式，了解教职员工的个人职业发展目标、兴趣和期望，包括教师的学术追求、行政人员的职业路径等，并将学校的发展目标与团队成员的个人目标进行有效链接，将学校发展与个人成长紧密关联，以激发团队成员的热情和动力，共同推动学校向着既定的愿景前进。

（2）有效沟通

1965 年美国心理学家佐治·米拉经过研究后发现：沟通的效果来自文字的不过占 7%，来自声调占 38%，来自身体语言占 55%。可见，沟通是否有效，不在于你说没说，也不在于你用什么样的语气语调说，而是来自一个人整体性的表达。乔治·萧伯纳曾经说过："沟通最大的问题在于，人们想当然地认为已经沟通了。"

需要是沟通的源泉，双赢是沟通的原则，人格魅力是沟通的基础，正确表达情绪是沟通的条件，而倾听，是沟通的起点。沟通和倾听是领导力中不可或缺的技能，对于团队的健康和成功至关重要。学校领导者要创造一个安全、无评判的环境，鼓励师生自由地表达意见和想法。领导者以一种积极、开放的心态，与大家进行真诚的交流与沟通，促进团队的发展。

在实际的人际交往中，当意见出现分歧时，有效的沟通就显得尤为重要。因此，要确立好沟通的四个原则：一是有效果比有道理更重要，沟通一旦进入到辩论对错的阶段，就会忘记了沟通的本意。二是有情绪时先不沟通，带着情绪做出的决定一定不是理性的，带着情绪说出的话语也往往是失衡的。三是把分歧锁定在观点层面而不是人的层面，观点的不同是正常现象，不要进行人身攻击，不要引发人与人之间的冲突。四是沟通的方式只能要求自己，不能要求别人。人们在沟通中容易出现的最大的问题是，人们往往站在自己的角度，用自己的要求和标准来衡量别人。当这种沟通方式的效果不好时，我们要自己主动去改变，而不能要求别人按照我们的方式去改变，否则，就会再次陷入沟通方式的冲突中。

（3）建立信任

信任是团队的第一要素，只有建立了信任，团队才能够无障碍地合作，共同实现学校的目标和愿景。要在学校团队内部建立坚实的信任基础，学校领导者需要认识到信任对于团队效率和合作的重要性。如果学校领导者在团队内部建立起坚实的信任基础，就能够减少管理成本，提高团队的凝聚力和执行力。

要想与团队建立信任，就要明确信任是如何产生的，言行一致能产生信任感，领导者应该确保自己的言行一致，承诺的事情必须兑现。这样，团队成员才会相信领导者的话，并愿意跟随其指引。个人能力能产生信任感，领导者通过展示自己在教育领域的专业知识、决策能力和解决问题的能力，能够赢得团队成员的尊重和信任。个人过去成功的经历能产生信任感，领导者通过分享个人过去成功的经历和教训，可以帮助团队成员了解领导者的经验水平和可靠性，从而增强信任感。

在团队管理中，带领大家取得学校发展的同时，还要帮助成员个人成长，这样才能赢得信任。这种共赢的思维是一种面向集体成功的心态，它要求管理者将团队的整体利益放在个人利益之上，同时为每位团队成员的成功和成长创造机会。在团队管理中，采用共赢思维可以带来诸多积极影响，包括提升团队士气、增强成员间的信任与合作，以及推动组织向着共同的目标前进。

信任的建立是一个漫长且需要细致努力的过程，需要领导者的高度责任和倾听耐心。建立信任要求领导在适当的时候保持谦虚的姿态、坦诚实践，明确的沟通，以及切实的行动。领导者的行为和态度对于塑造团队和组织的信任文化有着决定性的影响。

（4）高效协作

有效的协作是项目成功完成的关键。当团队成员有了共同的目标和相应的行动计划时，他们需要有效地互相协作，遵从"相辅相成"的原则，以达到一个项目的成功完成。

明确的岗位职责、合理的分工协作和清晰的沟通渠道，是团队高效协作不可或缺的元素。领导者要明确每个成员的职责，区分他们彼此之间的关系，并经常更新团队成员的职责和任务。这不仅有助于确保每个成员都能发挥其最大的潜力，还能促进团队内部的和谐与效率。

治理不是一个人在战斗，一个优秀的团队领导者需要打造学校治理的核心团队，形成骨干力量，善于团结动员校内外各方面人员积极投入到学校事务中来。

优秀的团队领导者在带领团队实现目标的过程中，不仅关注任务的完成，还重视团队成员的个人成长和团队的整体发展。帮助成员制定个人发展计划，鼓励团队成员参加培训、研讨会或在线课程，以提升他们的技能，丰富他们的知识。鼓励团队成员之间的合作和交流，这不仅有助于完成任务，还能促进彼此之间的学习和成长。

3. 情商领导力

在现代社会，面对不确定的世界，我们如何培养自驱力？面对社会上形形色色的各种诱惑，我们怎么做到自控自律？面对不确定的未来，面对各种压力，我们如何战胜焦虑？面对各种复杂的关系，我们怎么做到同理共赢？面对时空所限，我们如何有效沟通？

（1）自我认知的能力

自我认知指认识并理解自身情绪、情感和内驱力及其对他人的影响。自我认知能力强的人往往知道自己的情感，这也是情绪的自我意识。他能察觉自己的情感，理解情感产生的深层原因，清楚为什么情绪会无法控制？是什么在促使自己冲动？

自我认知能力强的人了解自己情感对外界的影响力，知道自己情感会如何影响周围环境。基于情感可能对工作，对人际关系造成影响，甚至可能会影响自己对事物的判断，为了避免造成失误，他们往往在情绪波动时，不会做决策。

自我认知能力强的人往往清晰地知道自己是谁，他能客观准确地评价自己的优势与不足，并且能坦然接纳自己。人一般都比较了解自己的优势，对于短板，要么视而不见，要么投射出去。

高情商领导者不仅能发挥自己的优势，同时能正视自己的短板，因为"短"中有"长"，只有去面对自己的短板，短板才不会消耗自己的领导力。他了解自己的情绪触发点，他知道什么样的情境，包括人、场景、时空等，会触发自己的情绪，并且能及时调整并适应情绪。

自我认知能力强的人拥有强大的内驱力，他始终相信自己，对自身能力有极强的正面认识，能认清自己的优势，相信自己能改变现状，走向更美好的明天。

（2）换位思考的能力

换位思考指理解他人情感的能力，根据他人情感反应，去待人接物的技能。有同理心，善于换位思考的人往往有较强的跨文化的敏感性；能满足对方心理需求，深度尊重对方；善于化解人际矛盾，融洽人际关系；能消除逆反情绪，避免沟通障碍；能快速达成共识，迅速解决问题。

换位思考能力强的人能准确察觉他人情感，理解他人观点并关心他人利益；有较强的服务意识，主动尝试去满足他人需求。那么，怎么训练自己的换位思考能力呢？首先要能准确接收自己的感觉，选择表达自己感觉的合适方式，能接收他人的感觉，善于用体谅回应他人，产生共鸣。

在任何一个学校里，要能迅速了解校园内情绪的表现和内部权力关系，要能依此建立起自己的决策网络。这主要表现在能准确了解到学校内部的潜在问题，认识到当前一些行为产生的原因；迅速了解到学校内部的政治，认识到校内权利和政治关系的影响；了解学校氛围和文化，尤其是对那些未写成正式条文的惯例和规范做到心中有数；了解非正式组织团体，这是学校内部的非正式关系网，他们会对学校风气带来极大的影响。

（3）人际关系的能力

人际交往能力指精通人际关系管理和人际关系网络，与他人寻求共同点，建立融洽关系的能力。人际交往能力强的人往往能领导高效的变革，有很强的说服力，在交往中能占据主动，擅长创建和领导团队。

人际交往的第一步是建立起情感链接，要设置情感基调，管理自己的反应和本能，始终保持心情平静；善于分散注意力，要有停止释放压力因素的能力，善于管理环境，当无法改变环境时就转移方向；有较强的同理心，善于在人际交往中建立共鸣，并确立自己的位置，领导别人，善于反馈别人。

人际交往中往往会与他人有不同意见，需要去反馈一些建设性意见建议。与他人有不同意见就需要交换意见，交换意见首先要明确目的，交换意见的目的不是争论输赢，而是为了向对方提供帮助。所以，不能抱着输赢的观念，固执己见，而是要以真心帮助对方为目的，为了共同的目标或一个共赢的目的，提出建设性的意见与建议。

建设性意见和建议，应该具有可操作性。如果不能在意见中说清楚改进措施，那就别说。建设性意见和建议一定是对方需要的，才是有用的。所以，在反馈之前要先征求对方意见，对方如果有需求，愿意听取，再提供建议。反之，对方如果不需要，那就不用提出。

高情商的人，能处理好与他人的关系，调整好自己内心，自我激励，很容易获得幸福！高情商领导力，还能够通过个人领导力去激励他人，凝聚力量，让他人体会幸福，实现组织目标。

第四章

现代化的学校队伍建设

在推进学校现代化建设进程中，人是最关键的因素。在现代化的学校管理中，干部队伍和教师队伍的建设则是提升教育质量、实现教育目标最关键的两大核心要素。

新时期，学校干部队伍建设对于保障学校事业的长远发展、提升管理效能、树立良好组织文化、维护党的形象和风气以及增强决策能力等方面都具有重要的意义，它是教育事业继往开来、薪火相传的一项战略性工程。

现代化的学校干部队伍建设，注重道德素质培养和专业能力提升，学校基于能力素质模型，构建干部成长的标准体系、培养体系、课程体系和评价体系，根据不同成长阶段的干部，对后备干部、青年干部从培养目标、课程内容、培养方式等方面，个性化设计，梯队培养。

教师是教育的第一资源，是建设教育强国，实施高质量教育的根本力量。教师肩负着培育祖国未来、民族希望的重任，对于学生个体成长来说，教师同样非常重要，因为教师的工作是塑造灵魂、塑造生命，塑造全面发展的人的工作。

现代化的学校教师队伍建设，注重师德与文化塑造、专业技能发展和个人自驱力激励，学校通过价值引领，强化师德师风教育，从高线和底线两个层面引领教师理想信念的成长。教师专业成长是教师队伍建设的核心要素，学校从价值引领教师的职业认同起步，构建教师成长目标体系、教师成长职业规划，再到教师专业能力的提升。

一个人成长的关键在于其本身，因此，自驱力的激发显得尤为重要。通过提升内驱力、追求专业精神和目标设定等措施，增强教师自我驱动。通过激励性评价和教师荣誉体系，以提升教师的自我效能感。

一、干部队伍建设

干部队伍是学校发展最关键、最核心的力量，在学校管理和发展中起着决策和执行的重要作用。干部队伍的行为很大程度上就代表了学校的行为，直接影响到学校在师生家长心目中的形象。干部队伍的专业能力和管理水平直接关系学校工作的质量和效率。干部队伍的决策能力直接影响学校的发展方向和战略选择。

干部队伍建设是学校一项重之又重的系统工程，因此，学校党组织科学选拔、严格管理、持续培训和合理激励，以提升干部队伍的整体素质，提高学校整体管理水平。

学校干部队伍建设要全盘思考、系统设计，坚持一盘棋统筹、分梯次储备、全链条联动，强化体系理念、增强系统思维，以干部成长路径为主线，从发现储备、培养锻炼、管理激励等关键环节入手，全方位加强干部成长体系建设。

（一）干部成长体系

为了培养和造就一支高素质、专业化的干部队伍，学校通过一系列科学、系统的培养和管理措施，构建干部成长体系，不断提升干部个人素质和能力，以满足学校和社会的发展需求。

干部成长体系是一个全方位、多层次、系统化的培养和管理干部的机制，旨在通过多种方式和手段促进干部的全面发展，培养出更多优秀的干部人才。

学校基于干部的能力素质模型，科学构建干部成长体系。选拔任用是干部成长体系的基础，关系到干部队伍的整体素质。通过公正、公平、公开的方式选拔优秀教师担任学校管理工作。通过构建能力素质标准体系，确保选拔的干部具备相应的政治素质、专业能力和道德品质。

干部的管理、监督与评价是干部成长的激励保障机制，能调动干部的积极性、主动性和创造性。学校要建立健全干部管理监督机制，对干部的行为进行规范和约束，确保干部依法行政、廉洁奉公。学校也要建立科学的考核评价机制，对干部的工作表现进行全面、客观、公正的评价，以激励干部积极进取、不断提高。

1. 基于能力素质模型的干部成长体系

在干部成长上，学校依据领导干部能力素质模型理论，构建学校发展目标与核心知识、技能和品质结合的干部成长模型。领导干部能力素质模型理论主要研究领导干部应具备的能力和素质，以及如何提升这些能力和素质。

在干部成长体系的构建上，学校依据领导干部能力素质模型理论，从干部能力素质标准体系、干部能力素质培养体系和干部成长评价体系三方面来构建学校干部成长体系，其中干部成长评价体系将在后文单独阐述。

（1）干部能力素质标准体系

干部能力素质的培养是一项系统工程，它依据干部能力素质标准，通过科学系统的培训方式不断推进。干部能力素质培养是一个持续的过程，需要在实践中不断学习和提高。干部能力素质标准体系涵盖政治素质、思想素质、道德素质、业务素质、能力素质、心理素质和身体素质等方面，是干部成长必备的基本能力素质。

构建"3·18"干部核心能力素质标准体系，"3"，即三大方面，包含通识性领导力、胜任力领导力和专业领导力。"18"，即十八大要素，其中，通识性领导力包含理想信念、干部修养、大局观念、廉洁奉公、组织认同和影响感召六大方面；胜任力领导力包含沟通协调、人际交往、团队建设、执行推动、战略导向和统筹规划六大方面；专业领导力包含教学改革、课程引领、教师队伍、学校愿景、学生成长和家校协同六大方面。

细化干部选拔晋升标准体系，在干部选拔晋升中实施标准化管理。从"定方向、带队伍、担使命和抓成效"四个方面对年轻干部能力素质标准提出明确要求。其中，"定方向"侧重考核干部的科学决策能力，主要着眼全局的高远站位和始终锚定目标的精准定位；"带队伍"侧重考核干部的识人用人、知人善任能力，主要是培育成就他人的能力品质和团队激励赋能的能力；"担使命"侧重考核干部勇担责任的能力，主要是追求卓越的品质和廉洁自律的准则；"抓成效"侧重考核干部求真务实，工作讲求实效的能力，具有开拓创新的精神和时刻以提升育人质量为己任的使命感。

（2）干部能力素质培养体系

学校依据干部能力素质模型，基于学校干部基本素质能力标准体系，确立"高端引领、实践导向、实岗锻炼、跟岗实习和个性培养"五大培养原则。五大培养原则各自强调了不同的培养策略和目标，共同构成了一个旨在全面提升干部能力和素质的培养体系，体现了一种系统化和多元化的人才培养理念。

高端引领强调在干部培养过程中，注重高层次的理论与实践指导，名家榜样的示范引领，引导干部树立远大的目标和正确的价值观，通过高水平的师资团队和高质量的课程内容，提供先进的知识和理念，以激发干部的学习动力和创新思维。

实践导向侧重将理论与实践相结合，注重实践经验的积累和实践能力的培养，鼓励干部在学习中紧密联系实际工作，通过解决实际问题来提升自身的能力。实践导向的培养能够增强干部的应用能力和操作技能，使其能够更好地适应和应对工作中的各种挑战。使干部能够在实际工作中解决问题，从而提高工作效率。

实岗锻炼是干部成长的重要途径，让干部在实际岗位上进行锻炼，通过实际工作来提高干部的工作能力和领导能力。实岗锻炼有助于将理论知识转化为实际能力，干部通过在实际岗位履职、完成具体任务，在实践中不断增长才干、积累经验。

跟岗实习是让干部跟随品德高尚、管理经验丰富的领导干部实习，通过观察和学习，提高干部的领导能力和管理能力。它强调的是干部的学习能力和模仿能力。

个性培养指在干部培养过程中，根据每个人的目标定位、个性特点和成长需求，定制课程内容，个性化培养，发挥干部个性与特长，提高工作效能。它强调的是干部的个性发展。

秉持"高端引领、实践导向、实岗锻炼、跟岗实习和个性培养"五大培养原则，丰富课程内容，拓展培养路径。高端引领和实践导向体现了培养过程中的既注重教育前沿理论素养，又强化务求实效的精神，实岗锻炼和跟岗实习是两种将学习所得迅速转化到实践中的培养路径，个性培养则是基于每个人的个性特点针对性设计、个别化辅导，旨在达成"各美其美、美美与共"的百花簇拥盛开的景象。

2. 核心能力素质的干部成长课程体系

干部素质培养是一个长期过程，不是朝夕之功。领导干部成长过程中最核心的能力素质，是干部个人成长的关键，也是学校发展的重要支撑力量。因此，构建核心能力素质的干部成长课程体系，是干部成长体系建设中最重要的一环。

干部成长课程体系如何科学构建，如何有效实施？干部成长课程体系是基于学校发展和个人成长的核心知识、技能和品质，涵盖领导干部在政治素质、专业能力、领导能力、道德品质、学习能力、应变能力、创新能力、人际交往能力和心理素质等方面的全面发展。学校干部课程的实施，既强调理论学习，又注重实践导向。

（1）菜单式干部成长课程体系

干部核心能力素质更是一个系统工程，学校根据人的认知规律和年轻干部成长规律，构建了"通识+胜任力+专业"的干部成长课程体系。课程体系的目标是全面提升干部的核心能力素质，使其在理论素养、专业素养、领导能力、实践能力、个人发展和道德素养等方面都能达到一定的标准，从而更好地履行其职责，服务社会。

课程体系的内容主要包含三大类九大课程概念群。三大类指的是通识性能力素质、胜任力能力素质和专业能力素质。九大课程概念群中，通识性能力素质包含理想信念与大局观念课程群、组织认同与影响感召课程群、干部修养与廉洁奉公课程群；胜任力能力素质包含战略导向与统筹规划课程群、团队建设与执行推动课程群、沟通协调与人际交往课程群；专业能力素质包含课程引领与教学改革课程群、学校愿景与教师队伍课程群、学生成长与家校协同课程群。（图4-1-1）

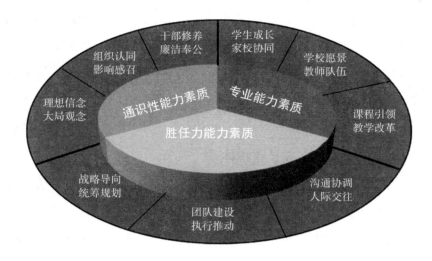

图 4-1-1　核心能力素质的干部成长课程体系

　　课程体系的系统构建是基础，课程的有效实施是关键。学校以每年十二期讲座为载体，有效实施年轻干部成长课程，将"通识+胜任力+专业"课程体系落实到具体日程中。在学习内容上，基于课程体系中的三大类九大课程概念群，结合具体工作需要，尤其是教育改革发展最新动态，按学年分专题系统设计讲座具体内容；在学习时间上，固定集体学习时间为每三周一期，每年十二期；在学习形式上，采取集体学习和分享交流相结合；在主讲人员上，采取校外专家和校内主讲人相结合，校外专家侧重理论提升、政策动态等，以党组织书记和校长为代表的校内主讲人则紧扣学校实际问题实战演练、过招支招。

　　（2）开放性干部培训途径

　　学校运用彼得·德鲁克的管理理论精华，根据干部能力素质、成长阶段和岗位分工的不同，量身定制能力素养课程和提升解决方案，多渠道、多维度搭建平台，开辟干部成长的途径。

学习内容采取"必修+选修"的形式，为后备干部、青年干部量身定制了个性化的学习内容，为不同成长阶段干部提供适切的干部培训课程资源，以"通识+胜任力+专业"能力素质培训架设了学校干部成长与彼得·德鲁克管理理论的天桥，是理论与实践结合的典范。

针对不同的课程内容，采取不同的授课和学习形式。对于通识性的理论知识，采取集中授课与个人自学结合、小组竞学、交流分享、汇报展示的形式学习。对于务实的胜任力和业务能力培训，则采取专家系列讲座、案例推演、头脑风暴、实岗锻炼的形式学习。每经过一段时间的学习沉淀，再安排校内外的跟岗锻炼和实岗锻炼，组织走进北京市内周边名校，进行短期参访和较长期深度研修，将所学所悟内化为干部的正确价值观、必备品格和关键能力。

3. 激励赋能导向的干部成长评价体系

2018 年 5 月，中共中央办公厅印发的《关于进一步激励广大干部新时代新担当新作为的意见》中明确提出，"制定出台党政领导干部考核工作条例，改进年度考核，推进平时考核，构建完整的干部考核工作制度体系"。

激励赋能导向的干部成长评价体系主要是指在评价干部成长过程中，不仅关注其已完成的工作成果，也重视其潜在的能力提升和个人发展。激励赋能导向的干部成长评价体系，旨在通过提供持续的反馈和支持，帮助干部不断提升自我，实现个人与组织的共同发展。

激励赋能导向的干部成长评价体系，目标设定是与干部共同商议设定，目标具有挑战性但又是可以达成的，且与学校的整体目标高度一致，能有效推动干部的个人发展。主要是对干部的专业能力、领导力、创新能力等进行评估，以了解他们的成长进度和潜力。对干部完成的工作成果进行评价，包括工作质量、工作效率、影响范围等。并及时给予积极的、具体的反馈意见，指出他们的优点和需要改进的地方，并提供相应的指导和支持。

（1）科学设置干部评价指标体系

学校主要从绩效、能力、态度、潜力和建议反馈五个方面，科学设置干部评价指标体系，对干部成长进行科学的评估。绩效评估是评价干部完成工作任务的能力和效率的一个重要指标，通常包括工作成果、工作效率、工作质量等具体评价内容。能力评估主要评价干部的专业技能和领导能力，包括专业知识掌握程度、问题解决能力、决策能力、组织协调能力、沟通能力等。态度评估主要评价干部的工作态度和职业道德，包括责任心、敬业精神、团队合作意识、公正公平、诚实守信等。潜力评估主要评价干部的发展潜力和未来可能达到的职业高度，包括学习能力、创新思维、适应变化的能力等。建议反馈是需要对干部进行定性反馈和建议，帮助他们明确自己的优点和需要改进的地方，以及提供个人职业发展的建议。

绩效、能力、态度、潜力和建议反馈这五个方面相互补充，共同构成一个全面、客观、公正的干部成长评价体系。在实际操作中，根据不同干部的具体情况，灵活运用不同的评价方法，确保评价结果的准确性和有效性。学校全方位对干部进行量化考核评价，优化考核指标、考核要素、考核内容、评分办法等细则，体现宏观性和可操作性，各项指标与干部能力素质挂钩，并对应相应分值。

学校每年还要组织新任职干部学习评价指标体系，在每学年开展工作前，在行政干部会和部门工作会上一一分解干部考核评价测量表里的各项指标，让干部提前熟知指标要求，以测评指标作为管理工作的标准和要求，督促干部在实际工作中，时时对标对表，反省自我工作，查缺补漏，促进自我提升。

（2）健全干部考核评价组织形式

根据干部不同层级、不同岗位的特点，不断完善干部考核内容，健全干部评价组织形式，建立客观公正、科学高效的民主测评机制，定期开展基于客户满意度评价的部门工作满意度调查，建立与之相应的"评价链条"。干部评价从个人德行、工作成效、个人工作表现到领导管理能力，全方位对干部进行能力素质的量化考核评价。

建立专门的考核评价机构，负责制定考核评价方案、组织考核评价活动、分析考核评价结果等。评价注重"四个结合"，即：个人自评、服务对象评价、主管领导评价和学校党组织评价相结合，力求画像客观真实，如实反映干部在实际工作中的表现，持续掌握干部情况。

形成多元化的考核评价团队，考核评价团队由具有不同专业背景和工作经验的人员组成，以确保考核评价的全面性和客观性。同时，团队成员定期接受相关培训，提高其考核评价能力。

建立公开透明的考核评价程序，考核评价所有环节都公开透明，接受所有相关人员的监督。这不仅可以保证考核评价的公正性，也有利于提高干部对考核评价结果的接受度。

实行定期和不定期的考核评价，除了每年一次的定期考核评价外，根据实际情况，还组织进行不定期的考核评价，以更全面地了解干部的工作表现和能力素质。

建立反馈与建议机制，考核评价结果及时反馈给干部本人，以及他们的上级和同事。帮助干部了解自己的优点和不足，以及提供改进的方向。通过与干部一对一谈心谈话，帮助干部分析、研判个人成长中的得失利弊，以评促改，指导个人成长，增强干部提拔任用和晋升的科学性、准确性，不断优化干部培养和班子建设。

（3）综合运用干部考核评价结果

学校建立干部成长档案，将考核评价贯穿岗前、岗中和岗后，最终结果记录在"干部成长档案"，形成干部成长的"立体画像"。

干部考核评价结果作为干部成长足迹的记录，帮助干部了解自己的优点和不足，为其个人发展提供参考和建议。发现问题和不足，及时自我反思，自我调整，并制定个性化的改进计划，帮助提升专业能力和领导能力。

干部考核评价结果也是做好优秀年轻干部储备、选拔任用、岗位调整和重点培养时的重要参考依据，对表现优秀的干部提拔或重用，对表现不佳的干部辅导或调整其职务，确保人尽其才，增强干部提拔任用和晋升的科学性、准确性。

根据干部的考核评价结果，给予相应的奖励或处罚，以激励优秀干部继续努力，同时警示其他干部改正错误，不断优化干部培养和班子建设。更好地激发干部的工作积极性和创新精神，同时也有利于提高学校的工作效率和整体绩效。

（二）干部梯队建设

干部梯队建设是指根据学校的发展战略和人力资源规划，通过选拔、培养和任用一批批优秀的干部，形成具有合理年龄、专业和能力结构的干部队伍，以满足学校长期发展需要的一种人力资源管理策略。干部梯队建设对于提升学校的管理水平、保障学校的长期发展、促进学校文化建设、提升教师职业素养以及优化学校人才结构都具有重要的作用。

学校根据学校发展战略和人力资源现状，制定出科学合理的干部梯队建设规划，明确干部梯队建设的目标、任务、步骤和方法。根据干部成长阶段和岗位分工的不同，量身定制个性化的核心能力素养课程和能力提升方案。通过轮岗、实习、做项目等方式，让干部在实际工作中锻炼和提升自己的能力。

采取"必修+选修"和"普惠+个性化"的形式，分阶梯地为后备干部、青年干部定制个性化的学习内容，为不同成长阶段干部提供适切的课程资源。从专业知识、管理技能、领导力等方面，对干部进行系统的培训，以提升其综合素质和能力。

1. "宽进严出"的后备干部育苗工程

培养选拔年轻的后备干部是学校干部梯队建设最基础的一步，选拔一批品德高尚、能力突出、业务精湛，有一定群众基础的年轻教师作为学校后备干部储备力量。扩大学校后备干部储备量，分层分类建立规模适度、素质优良、结构合理的年轻后备干部队伍，优化学校领导班子队伍年龄结构，也为区域教育系统培养和输送管理人才。

选拔一批品德高尚、能力突出、业务精湛，有一定群众基础的年轻教师，扩大学校后备干部储备量。学校党组织拓宽视野、广开门路，多层次、宽范围选人，通过不设范围、不设条件、不设权重，与教师"一对一"谈心谈话征集意见、年级组与教研组等最基层组织民主推荐等形式，让基层群众零距离、无障碍举荐身边优秀人才，在"入口"上实现后备干部的"宽进"。

对于后备干部培养的管理，学校引入竞争机制和退出机制，实行后备干部培养"能进能出"的动态管理，经过系统学习、实习跟岗，经过群众民主测评，按照"德才兼备、以德为先"的原则，择优录取，保证后备干部的"严出"，使后备干部队伍始终保持充足的数量、较高的素质和合理的结构。

2. "三位一体"的青年干部涵养工程

栽树苗，既要注重选苗育苗，更要注重今后的水肥管理，同样的道理，青年干部的培养也需要给足成长的时间，将源头培养和跟踪培养结合起来。青年干部一方面要在岗位上锻炼，另一方面要加大涵养力度。

学校党组织立足战略培养需要，实现青年干部融知识、能力、素质于一体的培养目标，融通识管理、领导力、专业能力于一体的培养内容，融理论学习、多岗锻炼、跨界交流于一体的"三位一体"培养模式。

学校坚持因材施教、分类培养，根据年轻干部不同的成长经历、个人意愿和发展潜质，确定培养方向和措施，定制个人成长计划。

3. 基于校长"六大职责"的后备校长提升工程

学校准确把握干部成长的阶段性特征，将各方面比较成熟的干部纳入后备校长提升工程。

依据校长的"六大职责"，从规划学校发展、营造育人文化、领导课程教学、引领教师成长、优化内部管理和调适外部环境六个方面，系统设计课程内容，以高层次的理论研修、高水准的思维训练与高品质的实践创新这三大途径进行精准培训。

畅通后备校长培养后的渠道，积极向上级组织部门推荐，同时，开辟了高等院校学习深造、市区级名校长工作室跟岗锻炼和交流轮岗到乡镇学校担当重任这三条路径，促使干部茁壮成长。

二、教师队伍建设

新时代人民教师在教育中要做到"三个相统一"：育人与育己相统一，教学能力与教育能力相统一，专业素质与师德素质相统一。因此，在学校工作中，教师队伍建设要做到：以师德师风建设为基，以教师专业成长为核，以激发教师成长内生力为本。

（一）师德师风建设

教师强，则教育兴；教育强，则民族兴。教师队伍建设，关系着教育事业的发展，关系着民族的未来。师德师风建设，关系着党对学校的领导，关系着全面贯彻党的教育方针和中国特色社会主义事业的薪火相传。

把师德师风作为评价教师队伍素质的第一标准，厚植"言为士则、行为世范"的丰厚土壤，要求教师率先垂范、身体力行，以独特的人格魅力、高尚的道德情操来影响学生。

"师者，人之模范也"，师德往往成为社会公德的标杆。师德师风建设对于教育系统乃至整个社会的发展具有深远的影响。它不仅关乎教师个人的品行和专业成长，更是提升教育质量、塑造学生人格和促进社会文明的关键因素。因此，师德建设不只是强调底线约束，更是立起道德高线。教师具有多样化的职业角色，既是传道授业解惑者，又是管理者、示范者和研究者。

1. 强化师德教育

党的二十大报告指出："加强师德师风建设，培养高素质教师队伍。"师德师风建设是教育发展的重要基石，对教师个人成长也有着十分重要的意义。师德教育能够增强教师的职业认同感，使他们更加自豪地承担起培养下一代的重任。当教师深刻认识到自己的工作不仅是传授知识，更是塑造未来，他们会更加积极地投身教育事业。通过不断的自我反思和提升，教师能够在职业道德的指导下实现个人价值，促进职业生涯的持续发展。

教师是立教之本、兴教之源。评价一名新时代的好老师，首先要看的是政治标准，看他心中是否有国家和民族，是否意识到肩负的国家使命和社会责任，这也是作为新时代人民教师应有的大德。培养社会主义建设者和接班人，教师为党育人的初心不能忘，为国育才的立场不能改，要努力做精于"传道授业解惑"的"经师"和"人师"的统一者。

（1）树立正确价值观

我们要打造一支高质量的教师队伍，首要之举是精神引领、使命驱动。教师对于自己职业的使命和责任，有清晰的认识，坚守"为党育人、为国育才"的初心使命，并以此作为引导学生成长、促进学生全面发展的核心力量。

教师树立高尚的职业道德，如诚信、公正、爱心等，在学生心中树立正面形象。通过自己的言传身教，在学生心中树立正确的价值观，如诚实、公正、尊重等。

教师有"言为士则、行为世范"的自觉，不断提高自身道德修养，以模范行为影响和带动学生，做学生为学、为事、为人的大先生，成为被社会尊重的楷模，成为世人效法的榜样。在日常的教育实践中坚持高尚的师德标准，有助于教师个人品德的升华。教师作为社会道德的传播者和实践者，其个人品德对学生产生直接影响。良好的师德师风能够使教师在面对教育挑战和道德困境时，做出正确的判断和选择。

加强师德的自我建设，引导教师确立"德福一致"的道德信念，深刻觉察和领略幸福生活的真谛所在。明确只有拥有良好的道德操守，教师才可能在事业上取得更大的成就，才能受到学生和家长的尊敬和爱戴。通过自觉修养专业道德，做幸福的教育工作者。

引导教师在公正对待学生的同时，也要对得起自己的生命和灵魂，主动关怀自我的生命价值与人生意义，以一种自重的积极态度面对自己的教育人生，以此建立并实现对他人的公正和关怀。

（2）增强教育使命感

教师明确自己的教育使命，即培养什么样的人、如何培养这样的人，使教师的工作更具目标性和意义。明确教书育人的神圣使命，强调教师职业的神圣性，强调教师职业的崇高性和不可替代性，使教师深刻理解自己在学生成长和社会进步中的重要作用。帮助教师清晰界定自己的教师职责，明确教师的工作不仅仅是传授知识，更重要的是引导学生的道德成长，激发学生的探索精神和创新能力。

让教师深刻认识到自己在社会发展中所承担的责任，激发他们为社会培养优秀人才的使命感。教师全身心地关爱和支持学生的成长，教师的关爱和支持能够帮助学生建立积极的自我认知，促进其自信心和社交能力的提升。一个充满爱心和耐心的教育环境，有助于学生形成健康的情感态度和人际交往能力。

教师的日常行为，如公平对待每一位学生，能够教会学生如何在社会中公正地对待他人。学生的价值观形成期很大程度上受到教师的影响，良好的师德师风能够为学生提供正面的价值导向。通过观察和模仿教师的行为，学生能够学习到如何在社会生活中做出道德的判断和选择。

教师的激情和奉献能够激发学生的学习兴趣和动力，使学生更加投入学习。当教师展现出对学科的热爱和对教育的执着时，学生更容易受到影响，从而培养出对学习的热爱。教师的榜样作用能够鼓励学生积极面对学习中的困难和挑战，培养其坚持不懈的精神。

（3）开展个性化师德培育

关注教师职业生涯特征，针对教师任教的不同学段和个人发展阶段，以教师专业道德内容为核心，开展不同层面和层级的师德培育。

小学教师基于小学生的身心脆弱、稚嫩和义务教育强制性的特点，加强教师仁慈之爱与公平公正等专业伦理的教育。中学教师基于中学生青春期带来的青少年文化的独特性，加强教师价值观、文化理解与对话专业伦理的培育。

职前阶段关注师德的引导和示范等内容。入职阶段重点关注师德养成的具体时间，通过具体的道德指引即道德规范，促使教师不断塑造自我的"人师"形象。职后发展阶段注重教师自觉型的培育方式，让教师更好地发挥自身的主动性，自愿自主地践行道德行为。

2. 规范师风行为

构建高质量教育体系、建设教育强国，必须加强师德师风建设，着力打造一支政治素质过硬、业务能力精湛和育人水平高超的优秀教师队伍。而学校的师风行为对于建立良好的教育环境、提升教育质量以及促进学生全面发展具有重要的意义。

学校规范师德师风行为，大大提升教师职业形象，增强社会对教师职业的尊重和信任。教师在职业道德和行为规范的指导下，更加专注于自身的专业发展和教学实践。明确的师风行为标准有助于增强教师的责任感和使命感，使其更加积极地履行教书育人的职责。

教师良好规范的师风行为，为学生树立榜样，营造积极向上的学习氛围。规范师风行为有效保障学生的合法权益，防止任何形式的不当对待，确保学生的身心健康。教师以身作则，不仅传授知识，更通过自己的行为影响学生，促进其全面发展。

在学校，营造积极健康、正面向上的文化氛围，让教师在一个积极正向的氛围中工作，能够增强教师的职业认同感和自豪感，使其更加热爱自己的职业。在这样的环境里，教师拥有持续学习和自我提升的动力，不断为个人的专业发展提供动力和支持。同时，积极向上的工作环境有助于减轻教师的工作压力，预防和减少职业倦怠现象。

（1）科学制定规范

学校制定清晰、具体的师德师风行为准则，明确师风行为的具体规范，如公平公正、客观真实、平等尊重地对待每一个学生，并将它纳入教师日常评估体系中。包括教师的日常行为、教学活动、与学生的互动等方面的规范。

师德师风制度设计，坚持尊重教师主体地位，保障教师群体的合法权利与正当利益，避免片面强调教师的义务、责任而忽视权利、利益。师德规范重在公正性，既不过度拔高道德期望和片面强调牺牲的圣化师德，也避免矮化师德，将本属于法律范畴的问题，作为师德问题加以强调，导致教师道德权利义务分配上的不公正。

师风规范制定以后，要加大宣传的力度，保证每一名教师在上岗前，清晰明确相应的行为准则和标准。学校通过会议、培训等方式普及师风行为准则，确保每位教师充分理解和认同。师风行为规范还要根据教育发展和社会变迁而不断更新，定期审查和更新，保持其时效性和适应性。

学校定期开展专题培训，组织师德师风专题学习，通过案例分析、角色扮演等形式，增强教师的道德意识和行为规范。树立榜样，发挥引领作用，选拔表现优秀的教师作为师德师风的模范，通过他们的先进事迹激励其他教师学习和效仿。

建立反思机制，通过教师对自己教学和行为的自我反思和定期的同伴互评、评教评学等评价反馈手段，识别并改正不足之处，不断提升个人师德水平。

（2）健全监督反馈机制

在师德师风建设方面，建立健全监督机制，鼓励学生、家长和同事之间互评，及时发现和纠正不良师风，有效的监督和反馈能大大促进建设水平，促进工作改进与提升。

建立监督体系，设立专门的师德师风监督小组。监督小组的成员包括学校领导者、教师代表、学生代表及家长代表，确保各方利益和声音都能被考虑。师德师风监督小组负责监督教师的行为是否符合规范，并对违规行为进行处理。确保教育活动的质量不受个别教师不当行为的负面影响，保护每一名学生免受任何形式的不公正对待，确保他们在一个安全的环境中学习，提升社会对教师职业的认可度和尊重感，塑造教师的正面形象，树立教育的正面形象。学校能够更加有效地监管教师的行为，促进教育环境的健康发展，最终实现提升教育质量和促进学生全面发展的目标。

树立标杆，激励优秀行为。表彰和奖励在师德师风方面表现突出的教师，以此形成正向激励机制。为了确保评价过程的公开、公平和公正，避免任何形式的偏见和不公，学校详细列出评价教师师德师风的标准和指标，如教学态度、与学生的互动、同事间的关系处理等，邀请学生、家长、同事及管理人员等多方参与评价，全面考量教师的表现。以评促建，通过定期组织师德师风的评选活动，鼓励教师持续关注自身的职业道德表现，再通过多样化的表彰和奖励，有效地激励教师在师德师风方面的优秀行为，促进教师专业成长，提升教育质量，营造积极健康的教育环境。

畅通多元化的反馈渠道，采取线上线下相结合的形式，开放学生、家长和同事之间的反馈渠道。确保每个人都能方便地表达意见和建议，鼓励各方人员共同参与师德师风建设，及时发现和解决问题。在实施过程中，要保护好个人隐私，尤其是对于涉及敏感问题或批评意见的反馈，保护发表意见者免受任何形式的不利影响。

建立信任机制，通过宣传和教育，建立师生家长之间的信任关系，鼓励大家基于改进和帮助的目的提出反馈。为了鼓励参与的积极性，建立反馈激励机制，对于提供有价值反馈的个人或集体，可以给予一定的表彰或奖励，以鼓励更多人参与到师德师风建设中来。定期反馈汇总与回应，对收集到的反馈进行汇总和分析，并在一定范围内公布处理结果或改进措施，增强反馈机制的透明度和有效性。

健全监督反馈机制，畅通反馈渠道。鼓励学生、家长和同事共同参与师德师风建设，及时发现和解决教育教学过程中的问题，有效规范教师的师风行为，建立健康积极的教育环境，促进教师的专业成长，保障学生的权益，最终实现教育质量的提升和学生全面发展的目标。

（二）教师专业成长

陶行知先生曾说过："我们做教师的人，必须天天学习，天天进行再教育，才能有教学之乐而无教学之苦。"教师通过不断学习获得专业成长，才能让课堂教学愈加充满魅力、职业生涯愈加幸福快乐。

随着教育数字化转型的深入，建设一支与教育发展相适应相匹配的教师队伍迫在眉睫。教师队伍建设要以提升教师综合素养为目标，以提升教师的数字素养和教学能力为核心，打造一支高素质、专业化、创新型的教师队伍，推动教育高质量发展。

1. 教师职业认同

教师职业认同是指教师对自身职业角色的积极认可，以及由此产生的满意度和归属感。它涉及教师对其职业角色的正面认知、情感依附和行为投入，是教师专业成长的核心部分。教师职业认同是由职业认知、职业情感以及职业行为构成。职业认知是对教师职责的理解，职业情感即教师对教育工作的热爱与承诺，职业行为即教师的教学实践的积极性和主动性。

教师职业认同是一个持续发展的过程，随着教师个人经验的积累和社会环境的变化而不断调整和重塑。这种认同感对于教师个人的职业发展、教育质量和学生学习成效至关重要。高度的职业认同感可以激发教师的教学热情，使他们更愿意采用创新的教学方法，提高教学效果。当教师对自己的职业有较高的认同感时，他们对工作的满意度通常较高，这有助于减少职业倦怠和离职率。强烈的职业认同感可以激励教师持续学习和自我提升，从而推动其职业生涯的持续发展。

目标引领，促进教师在认识上实现"三个认同"：自我认同、学校认同和职业认同。

自我认同，鼓励教师设定与个人价值观和职业兴趣相符的发展目标，增强他们对自己作为教育者的认同感。支持教师个性化发展路径，为教师提供多样化的培训和发展机会，使他们能够根据自己的兴趣和专长进行专业成长，从而增强自我认同。

学校认同，教师要积极主动融入学校文化，通过校本培训和团队建设活动，帮助教师理解和内化学校的愿景、使命和价值观，增强对学校的认同。鼓励和吸纳教师参与学校事务的管理和决策，让他们感受到自己是学校发展的重要一员，增强归属感和认同感。

职业认同，需要强化职业使命感，通过师德教育和职业发展活动，不断强调教师在社会发展和学生成长中的重要作用，增强教师的职业荣誉感和使命感。建立职业共同体，通过教师之间的合作学习和专业分享，建立一种职业共同体意识，使教师感受到自己是一个有价值的职业群体的一部分。

提升教师职业认同包括优化工作环境、提高社会认可度、加强师资培训和营造积极氛围等方法。学校提供支持性的工作环境，包括合理的工作量、公正的评价体系和丰富的专业发展机会等，大大提升教师职业认同。社会各界提高对教师职业的尊重和认可，通过媒体宣传、公共政策等方式提升教师的社会地位，政府和教育主管部门也要积极推动立法和改革，确保教师在公平的环境里工作。

2. 教师职业规划

（1）顶层设计教师群体发展目标

为了培养一大批优秀教师，形成具有影响力的教师队伍，根据学校发展和教师成长的实际需要，在遵循教育规律和人才成长规律的基础上，学校在顶层设计中，为不同阶段的教师设定了明确的发展目标。

学校明确核心教育理念，统一教育的目的、学生发展的核心要素以及教师角色的理解和定位。基于核心教育理念，制定一个长远的愿景，包括学校未来发展的方向和追求的终极目标。

学校在进行顶层设计前，进行充分的前期调研与分析，通过问卷调查、个别访谈等方式了解教师专业成长需求、职业满意度以及对学校发展的看法和建议。同时，研究教育行业的最新趋势和市场需求，识别可能的发展机会，确保教师发展计划与外部市场同步。

随后，分层分类制定不同阶段教师成长具体发展目标，即：教师专业成长五阶梯。设定提升教师教学能力、科研能力和教育技术应用能力等具体目标，支持教师持续学习和专业成长。强化师德建设，通过各种活动和培训，促进教师的职业认同感，使其更好地融入学校文化。

针对教师不同成长阶段，设定具体的成长目标，构建教师专业成长五阶梯图谱。（图4-2-1）

给不同成长阶段的教师设定目标，任教1-3年的新任教师，了解一般教学原理、教材和教法，熟悉教学步骤、各类情景及初步教学经验。任教4-6年的经验型教师，基本掌握本学科知识体系、教育教学和学生发展规律，要能驾驭上课，保证课堂教学效率。任教7-9年的骨干型教师，已经拥有了较丰富的教学经验，能够熟练驾驭课堂，要时刻做到"眼中有学生"，关注学生成长，师生关系良好，教学中有反思能力，有可分享的经验性知识。任教10-12年的示范型教师，已经拥有自己独特的教育风格，对教育的理解由感性上升到理性，能够带领团队发展。任教12年以上的教师，能凝练并形成自己的教育思想，在学科教学上和育人方

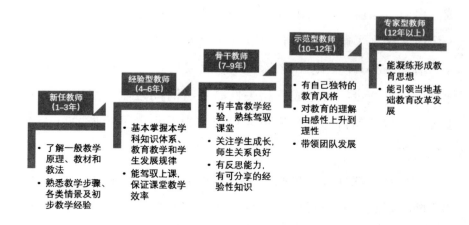

图 4-2-1 教师专业成长五阶梯图谱

式上有自己独到的见解，在当地的基础教育领域有一席之地，能引领某方面的发展。

（2）个性化定制教师个人发展规划

学校采取自上而下的形式，制定了学校教师群体发展规划。同时，采取自下而上的形式，结合教师个体自身发展需求，在学校教师群体发展规划的指导下，引导教师自主规划个人发展规划。

个性化定制教师个人发展规划是一个关键过程，它考虑了每个教师的独特需求和职业目标。在个人规划之前，学校借助专业的专家团队，与学校人事部门、学术委员会一起，共同组成教师成长指导小组。指导小组帮助教师一起评估教师个人需求与兴趣，在自我评估的基础上，再进行一对一访谈。鼓励教师坦诚地进行自我评估，识别自己的兴趣点、职业愿景、强项和待提升区域。再由专家团队和人事部门共同组成指导组，与教师进行一对一访谈，深入了解他们的职业抱负和个人需求。

借助 SMART 原则，确定教师职业发展目标。确保设定的目标具体、可衡量、可达成、相关性高且有时间限制。然后进行分步实施，将长期目标分解为短期目标，为教师提供清晰的可逐步实现的路径。

学校指导教师个性化制定个人发展规划之后，再通过必修和选修两种形式，开设相应的培训课程，给教师提供专业培训，根据教师的需求提供相应的培训机会，如教学法、学科知识更新、教育技术等。同时，搭建各种平台，支持教师参与各种学术活动，鼓励教师参与学术会议、研讨会和研究项目，以拓宽视野并提升能力。

3. 教师专业能力

教师专业能力是指教师在教育教学活动中展现的专业知识和技能。教师专业能力包括教育基础理论知识、学科构建和理解、教学技能、对学生的认知、与学生交流沟通、课程建设、课堂理解和组织等。

教师的专业能力直接影响学生的学习效果，包括知识掌握、技能发展和情感态度的形成。具备高水平的专业能力，教师能够有效地进行教学设计和实施，增强教师的自我效能感，使教师自信地面对教学挑战。

（1）促进专业知识更新

在教师专业能力提升的过程中，促进专业知识更新显得尤为重要。随着社会的发展和科技的进步，新的教育理念、教学方法和技术工具不断涌现，要求教师必须不断更新自己的专业知识，以适应教育发展的需要。

促进教师专业发展也是师德师风建设的内在要求与基本途径，引导教师实现专业知识的拓展、专业能力的提升与专业道德成长相辅相成。具备最新专业知识的教师更能适应教育行业的变革，增强个人的职业竞争力和市场适应性。学习新知识能够激发教师的职业激情和创新意识，使教师在职业生涯中保持活力和动力。

教师应树立终身学习的理念，通过阅读专业书籍、参加在线课程等方式不断学习新的知识。学校要鼓励教师持续学习，积极参加各级各类的继续教育和专业培训，不断更新自己的教育理念和教学方法，提升自己的专业知识和教育教学能力，更新专业知识能使教师掌握最新的教学理论和方法，提高教学效果，为学生提供更加丰富多样的学习内容和体验，激发学生的学习兴趣，更好地满足学生的学习需求。

鼓励教师积极参与或关注学科领域的学术研究，了解最新的研究成果和趋势，提升自己的学术水平并深化教学内容。通过持续开展教师专业自主学习、教育实践，不断强化自我反思，加大同事间的合作互助力度，实现专业知识、专业技能与师德素养的共同提升。教师学习和利用现代教育技术工具，如自媒体、在线学习平台等，掌握和应用最新的教育技术和方法，能够帮助学生培养适应未来社会所需的关键技能，提高教学效果和学生的学习体验。

学校通过创建专业学习社群或平台，鼓励教师之间的知识分享和经验交流，共同学习进步。在教师专业知识更新方面，学校应提供必要的资源支持，如购买最新的教育技术设备和资料，便于教师学习和利用。同时，建立激励机制和奖励制度，表彰在学习和应用新专业知识方面表现突出的教师，激励全体教师积极参与。

（2）提升教学能力

提升教学能力是通过持续的专业发展和实践活动，不断丰富教师的教学知识，提高教学技能。它包含专业知识的深化、教学方法的创新、课堂驾驭能力的提升、积极评价与反馈，以及技术整合的能力和持续学习的能力。

"教得好"的教师肯定是教育专业能力强的教师。专业能力弱的教师肯定是"教不好"学生的。提升自身的教学能力是教师立身之本。

教学能力提升能增强教师的职业自信，使教师在课堂上更加自信、更加自如，能够更有效地应对教学挑战和学生问题。教学能力强能大大提升职业成就感，减少职业倦怠，当教师看到自己的教学改进带来学生学习上的明显进步时，他们会有更强的职业成就感和满足感。具备高效教学技能的教师能更好地管理课堂，减轻工作压力，从而降低职业倦怠的风险。

（三）教师成长内生力

一个人的成长，往往会经历这样的六个阶段。第一阶段是个人前成长阶段，这时期个人往往处于不知道的意识，表现为否认问题、故意无知、天真。第二阶段是个人成长开始阶段，这时期个人往往开始有了一点意识，表现为觉醒并走向现实，意识到真相。第三阶段是真正的个人成长阶段，这时期个人往往开始能接受，表现为有意识地使任何变化成为个人成长。第四阶段开始有了责任，了解到必须自己动手唤起个人成长。第五阶段开始有了行动的计划，这时期有三个关键点：自律、动机、焦点。第六阶段开始有了明确的目的，学会了去思考目的和意图。

可见，一个人的成长关键在个人，因此，在教师成长上，只有激发教师的内在生命自觉，激起教师个人专业精神的觉醒，坚定教师专业成长的信念，真正唤起教师成长的内在动力，才能更好地促进教师成长。

1. 增强自我驱动

美国作家弗森格曾经说过："每个人心中都有一扇由内向外开启的门，无论别人如何动之以情或晓之以理，都无法打开，只有自己才能开启。"

一个人在成长过程中，只有在需要的基础上产生一种内部唤醒状态或紧张状态，才能推动人的内生力去满足需要，从而实现人更好的成长。自我驱动力强的教师更有能力主动寻求成长机会，克服挑战，并持续改进自己的教学实践。

教师可以有效增强自我驱动力，不断提升自己的教学能力和职业素养，为学生提供更高质量的教育，同时也为自己的职业生涯铺平道路。

（1）教师成长内驱力

当下，教师专业成长大致有两种路径：一种是站在教育需要的角度，从外向内进行的管理、培训、评价等规范性要求。一种是站在教师自身需求的角度，从内向外所倡导的待遇、尊重、地位、工作生态等自我感知诉求，这就是所谓的"待遇留人""提升教师幸福指数"，创设良好的教育生态等等。

在现实中，我们往往更多地考虑教育的需求，而忽略教师自身的需求。那么，回归到我们的初心和原点来思考：教师成长的目的是什么？教师成长的动力又来源于哪里？

美国认知教育心理学家奥苏贝尔认为人的成长和发展是由三种不同的内驱力推动的：一种是附属内驱力，一种是自我提高内驱力，一种是认知内驱力。

附属内驱力是以获得长者或同事的赞许和认可为目的，而进行的学习和工作的动力。这是一种来自外部的学习动机，它不对学习本身感兴趣，而是一种情感的需求，是为了获得外部的赞许认可和接纳而努力，学习仅仅是满足这种情感需求的手段。如学生为了得到老师的表扬或家长的鼓励而努力学习。在小学和初中阶段，这种驱动力尤为明显，学生往往因为家长和老师的期望而努力表现。

自我提高内驱力是指个人通过自己的努力，凭借强有力的胜任能力和巨大的工作成就，赢得了一定的社会地位，也满足了个人的自尊心。这种动力与个体追求成就和社会地位紧密相关，这也是一种来自外部的学习动机，同样，它不对学习本身感兴趣，而是对外部的地位与荣誉感兴趣，学习仅仅是满足这种需求的手段，人们为了获得更高的社会认可和职位晋升而不断学习和提升自己。

认知内驱力是以获得知识，解决问题为目的，满足求知欲的学习动机，这是一种来自内部的学习动机，认知内驱力是成就动机的三个组成部分中最重要、最稳定的部分，它存在于学习任务本身。认知内驱力对学习本身感兴趣，具有持久性和稳定性。在中小学阶段，学生渴望认知、理解和掌握知识，以及陈述和解决问题的倾向，就是这种认知内驱力。简言之，它是一种求知的需要，这是意义学习中最重要的一种动机。发端于学生好奇的倾向，以及探究、操作、理解和应付环境的心理倾向。

这三种内驱力环境的推力和环境的拉力，对一个人的成长起到助推的作用。教师成长的关键在于激发教师内驱力，尤其是引导教师激发出恒久稳定的认知内驱力。如果要形成教师的认知内驱力，必须重视认知和理解的价值，并以此为目的，而不应把实利作为首要目标。

因此，学校要从文化层面营造良性的内驱力循环圈。在文化层面营造一种宽容和谐的文化氛围，倡导教师在工作中敢于尝试、勇担责任。同时，归属感是内驱力产生的强大后盾。学校要营造一个充满爱和支持的环境，人人都能和平相处，人与人之间能够全接纳，高度认同，处处充满了肯定与赞美，有着温和的容

175

错环境，大家都生活在理解与包容中，人们使用的也都是正面激励性语言，彼此共情和理解。

学校在制度层面给予教师自主感，构建积极、支持和尊重的工作氛围，确保教师感到被重视和赋权。在岗位聘任时采用"双向聘任"等制度，给教师充分的选择权，保障教师能够自由选择自己做的事。在实际工作中，做着自己喜欢的事情，就会激发出多巴胺，对眼前的工作产生更强烈的兴趣和热爱，能感受到"这件事很好玩"。

学校要了解每位教师的独特需求和兴趣，提供个性化的支持和资源，帮助他们克服挑战，实现个人和职业成长。实力永远是"硬道理"。强大的专业能力就会产生胜任感，让教师拥有做好事情的能力，在工作中充满了"我能做得好"的强大自信。

奥苏贝尔的这一理论对于教育实践具有重要的指导意义。它提醒教师和教育工作者在教学过程中应关注学生的内驱力培养，尤其是认知内驱力的培养，以促进学生长期的学术成长和个人发展。同时，这也为家长提供了如何正确引导孩子学习的方向，即通过激发孩子的内在动机，而非仅仅依赖于外部奖励或压力。

（2）教师专业精神

教师专业精神是教师成长的决定要素，也是教师职业的核心要素，它不仅关系到教师个人的职业发展，也关系到学生的成长和教育质量的提升。教师专业精神指教师在从事教育教学活动中所展现出的专业道德、专业能力、专业态度和专业发展等方面的综合表现。

在日常师德建设过程中，我们往往重视教师职业道德教育，忽视教师职业认知、职业认同和职业追求的讨论。教师专业精神包括教师对职业与专业的理解，教师对职业与专业的追求，教师把职业与专业放在自己生命中的地位等。教师专业精神还包括教师职业道德、教师职业能力、教师职业追求，所以说，教师专业精神是教师成长的内驱力，也是教师专业追求的引领力。

站在教师专业精神的视角上去看待教师成长，就需要我们既要站在教育的需要角度，又要站在教师个人的需求角度，整体把握实际教学需求，以及职业归属、生活状态、工作环境、工作负荷、个人爱好等方面。只有这样，教师成长才能立足教师专业精神，引领教师成长。

教师要具备高尚的职业道德，如诚实守信、公正无私、关爱学生、尊重同事等。他们以身作则，为学生树立良好的榜样，关注学生的全面发展，维护教育公平和提高教育质量。他们对自己的工作负责，对学生的成长和发展负责。他们以培养全面发展的社会主义建设者和接班人为己任，为国家的未来和社会的进步贡献自己的力量。

教师要具备扎实的学科知识和教育教学技能。他们需要不断更新自己的知识结构，掌握先进的教育理念和教学方法，以适应不断变化的教育需求。此外，教师还应具备一定的教育研究能力，能够针对教育教学中的问题进行研究和探索。教师还要具有持续学习和自我提升的意识。他们需要不断反思自己的教学实践，寻找改进的空间，并积极参与各种专业发展活动，如培训、研讨会、学术会议等，以提高自己的专业素养和能力。

教师对教育事业始终保持热爱和执着，对学生保持关心和尊重。他们以积极的态度面对教育教学中的挑战，对待每一个学生都充满耐心和细心，努力营造一个积极向上的学习氛围。教师具备良好的团队合作精神和交流沟通能力，在教师之间相互支持、共同进步，与团队成员分享经验和资源，共同推动教育的发展。

（3）目标设定与自我成长

教师的目标设定与自我成长是教育领域中极为重要的两个方面，两者相辅相成，共同推动着教师个人的职业发展以及教育质量的提升。

学校鼓励和支持教师设定个人职业发展目标，目标可以从短期目标和长期目标两个方面来设置，要求具体适切、可实现。短期目标包括提高教学技能、完成特定的教学任务、参与专业培训等，这些目标有助于教师在日常教学中保持动力并感知进步。长期目标包括职称晋升、学科领域的深入研究、教育管理等，长期目标能够帮助教师规划职业生涯的方向和重点。

通过目标导向的自我成长设计与自我驱动的专业发展机制，逐步提升自己的教学技能并增强自我效能感。学校有专门的部门或人员负责，指导教师制定个人成长计划，包括短期和长期目标，以及达成这些目标的具体路径。

与目标设定配套的是设定可实现的行动计划，行动计划大致可以分三步走：第一步是分解目标，将大目标分解为小目标，制定具体的行动步骤，使目标更加清晰可行。第二步是时间规划，为目标设定合理的时间框架,确保每一步行动都有明确的时限,帮助教师高效地实现目标。第三步是资源整合,评估实现目标所需的资源和支持,如参加培训、阅读专业书籍、加入教师群团等,积极寻求和利用可用资源。

在目标设定、行动计划实施后,还要有持续的评估与调整。对目标实现情况进行定期反思,评估哪些方法有效、哪些需要改进。根据反思结果和实际情况,适时灵活调整目标和行动计划,以适应教育教学的变化和个人成长的需求。与其他教师分享目标设定和实现的经验,通过交流获取新的观点和策略,促进个人和团队的共同成长。

教师对自己成长进行目标设定,可以更有效地规划自己的职业生涯,不断提升自身的教学能力和专业水平,最终实现个人和职业的双重成长。这不仅对教师个人有益,也将对整个教育体系产生积极的影响。

2. 提升自我效能感

自我效能感强的教师更加自信,能够更有效地面对教学挑战,采用创新的教学方法,并为学生创造积极的学习环境。提升教师自我效能感,有助于增强教学能力和信心,促进教师更加积极主动地参与专业发展活动,不断学习和掌握新的教学策略与技能。在教育领域经常面临的变革和挑战中,高效能感的教师更能适应新环境,灵活调整教学策略。

自我效能感强的教师更加自信,而自信的教师更能鼓励和激发学生的潜能,帮助学生建立自信,促进其全面发展。自我效能感强的教师能够创造一个更加积极、支持的学习环境，有利于学生的成长。教师通过自身的榜样作用，可以教授学生如何有效面对挑战，增强其社会适应能力。

在学校层面，通过搭建各种平台，支持教师参加专业培训和研讨会，不断更新教育理念和教学方法，增强教学能力和自信心。定期组织教师进行教学反思，不断总结成功与失败的经验，从实践中学习和成长。为教师提供必要的专业发展支持，如定期的培训、工作坊等，帮助教师提升教学技能。

（1）"眼中有人"的激励性评价

教育评价的价值在于引领教育发展方向，评估和督促教育教学，激发和帮助广大教师在教育实践中有更大的积极性和创造性。如果教育评价只考虑教育的需要，而不考虑教师的需求，很难达到教育评价的真正目的，体现不了教育评价的价值。

传统的教育评价往往多关注教育发展需要，容易忽视教师自身的发展需求这一关键要素，这样的评价忽略了评价中最关键的人的作用的要素，所以说这是一种"一厢情愿""被动性接受"的评价。

要树立以人为本的管理服务意识，平等地维护每一位教师的合法权益，促进教师评价向"内驱逻辑"转型。在考核评价中始终坚持"正向引导与评价"，丰富正向引导内容，加强正面的激励考核，以此促进教师对考核的积极认同。

对教师的评价要关注教师的优点和成就，在对教师进行激励性评价时，应重点关注教师的优点和成就，特别是在教学创新、学生关爱、专业发展等方面的突出表现。教师评价要做到"眼中有人",时刻以能激励人、鼓舞人为评价的第一目标,努力增强教师的自信心和职业满足感,激发教师更大的工作热情和积极性。

教师激励性评价的最大功能和价值是帮扶,而不仅仅是优劣的分层,也不是奖优罚劣的"总结"。对教师的激励性评价是一种以促进教师专业成长、提高教学质量和激发教师工作热情为目标的评价方式。强调对教师工作的认可和肯定,同时提供有针对性的反馈和建议,以帮助教师不断改进和提升自己的教育教学能力和工作热情,促进整个教育系统的持续改进和发展。

完善容错纠错机制,建立明确的责任清单和清晰的追责机制。针对有欠缺的情况,本着"治病救人"的原则,及时指出,并给出具体建议。情节严重的,要处罚教师,处罚不是出于对教师错误行为的报复,不是杀鸡骇猴进行威慑,而是为了重申道德命令的权威。在惩处过程中,对错误性质进行行为定性,并区别对待、分层治理。

(2)科学、多元的评价方式

对教师的激励性评价可以采用多种评价方法,如同伴评价、学生评价、专家评价等。这些不同的评价视角可以为教师提供更全面、客观的反馈信息,有助于教师更全面地了解自己的教学状况。

激励性评价鼓励教师进行自我评价和自我反思,让他们主动思考自己的教学实践,识别自己的优点和不足。通过自我评价,教师可以更好地了解自己的工作状况，为未来的专业发展制定更明确的目标和计划。

对教师的评价要接受和理解教师个体之间合理的差距，而人的成长不是简单的量化评比，不能用简单的量化评价一以概之，人的成长是一个全面的成长和发展过程，而且每个生命个体成长的路径和发展的轨迹各不相同，所以，往往是"只有更好，没有最好"的。理解和接受教育合理差距，不是降低要求，恰恰是面对教育规律、面对教育实际、面对孩子差别与差异的教育。

量化评价往往是教育评价的通识性评价，有其科学性和直观性，但如果不加入以"进口定出口"和"层次替代名次"两个评价元素，量化评价将会把教育带入冷酷功利的"肉搏战"。除了量化教育评价，教育有好多内容是不可或者说没有必要量化的。

教育质量意识是教育评价关键要素，但如何使用教学质量，应该明确几个方面的问题。首先，要明确什么是教学质量。其次，要了解当前的教学质量是如何取得的。最后，面对教学质量，我们是否会把教育投入与环境因素作为考评的要素？如果我们只是简单理解教学质量，就会让教育走向狭窄且功利的胡同。如果我们只是看现在的"成绩"，就会让教者、学者、评者不惜一切代价，使用一切手段达到所谓的"成绩"，这样教育就失去了本意和本味。如果我们关注结果式的"成绩"，或以"数据"去评价教育，那教育的功利之心就会膨胀，依法按规办学就会成为一句空话。教育的纯真、友善、互助、期盼与守护就会远离校园、远离家庭、远离课堂，教育就变成了追逐功利的"工具"。

激励性评价的核心目的是促进教师的专业发展和教学改进。因此，评价结果应被用作教师发展的依据和起点，而不是终点。评价者应与教师一起制定具体的改进计划和发展目标，提供必要的支持和资源。

建立积极、支持的评价氛围，鼓励教师积极参与评价过程，坦诚接受评价结果。在这样的氛围中，教师更容易接受评价和建议，也更愿意分享自己的经验和教训。

评价者应提供具体、针对性的反馈，指出教师在哪些方面做得好，哪些方面还有待改进。这种反馈应基于具体的教学场景和实例，有助于教师更好地理解评价结果，并据此进行针对性的调整和改进。

（3）教师荣誉体系

2020年10月发布的《深化新时代教育评价改革总体方案》聚焦破"五唯"问题，强调"健全教师荣誉制度，发挥典型示范引领作用""推进人才称号回归学术性、荣誉性"。弘扬教师家精神，健全国家教师荣誉表彰制度体系，是加强教师队伍、支撑教育强国建设，在全社会弘扬尊师重教社会风尚，提高教师政治地位、社会地位、职业地位，使教师成为最受社会尊重的职业之一的重要举措。

"荣誉"一词的含义有广义和狭义之分，广义的荣誉是指以颁授称号、勋章、奖章为主要形式的积极评价，具有奖励性、公开性和主观性的特点。狭义的荣誉则特指"光荣的名誉"，是个体在工作过程中因表现优异、功勋显著而获得的光荣称号，并通过赞许、奖励等方式加以表达。

北京师范大学张志勇教授曾梳理了我国教师荣誉制度。1978年建立特级教师制度，1985年设立教师节，1998年设立"全国模范教师""全国教育系统先进工作者""全国优秀教师""全国优秀教育工作者"表彰奖励机制，2010年启动全国教书育人楷模评选活动，2019年设立人民教育家国家荣誉称号，并纳入国家勋章和国家荣誉称号。张志勇教授认为，国家一系列教师荣誉表彰制度的建立，对激励广大教师坚守三尺讲台、潜心教书育人，营造全社会尊师重教的浓厚氛围，发挥了重要作用。

教师荣誉体系是用来表彰和激励在教育教学领域表现突出的教育工作者，其核心目的是提升教师队伍的整体素质，增强教师的职业荣誉感，以及推动教育事业的持续发展。教师荣誉可以满足教师个体的多重需求，包括生理需求、安全需求、归属与爱的需求、自尊需求和自我实现需求。

建立一套完善的荣誉体系，能够鼓励教师长期从教，对教师的工作投入感、工作态度、行为产生显著影响，有助于提高教师的教学能力和综合能力。能促进教师全面认识个人教学的优缺点、提升教学能力，促进教师综合能力的提升。

建立一套完善的荣誉体系，能够建立人与职业直接的情感联结，增强教师的职业认同感和自豪感。有效提高教师职业的社会地位和影响力，增强教师的自豪感和归属感。通过对优秀教师的表彰和奖励，鼓励教师投身教学研究和实践，从而提升教育教学的质量和效率。

　　教师是立教之本、兴教之源。"万世师表"可视为孔子的专属荣誉，体现了对孔子深远影响力的认可和尊敬。"万世师表"不仅是对孔子一人的尊称，更是对一种崇高教育理念的传颂。在教师荣誉体系中，它起到了标杆的作用，激励着一代又一代的教育工作者。

　　在构建教师荣誉体系时，可以借鉴"万世师表"的精神内涵，将孔子的教育理念融入其中，提升教师队伍的整体素质和追求。通过汲取"万世师表"的教育精髓，在教师荣誉体系中设置相应的激励机制，鼓励教师进行道德修养和知识更新，以实现个人和教育事业的发展。

　　系统构建和完善我国教师荣誉制度，首先应当遵循公平公正公开原则。教师荣誉制度的设计要体现公正性、透明性和激励性，它的评审标准和程序应至少包括标准科学且可操作、程序公开、程序参与、公众参与等内容。能够确保真正有贡献的教师得到表彰，激发教师的工作热情，培养和保留优秀的教育人才，促进教师后续成果的产出，带动团队中青年教师的发展和专业建设，形成竞争激励机制，推动学术研究的有效开展，推动教育公平和创新。

　　无论是国家层面、省市级层面，还是学校层面的教师荣誉体系，在实施过程中，要坚持公开透明的原则，要事前公开荣誉称号的申请条件、评审程序和奖励办法，让教师清晰了解这些条件，并清晰如何能够达到这些标准。还要设立专门的监督机构来执行和监督荣誉体系的实施过程，保证其公正性和透明度。

第五章

现代化的学校文化体系

党的二十大报告指出，全面建设社会主义现代化国家、以"中国式现代化"全面推进中华民族伟大复兴。

现代化的学校文化体系是一个多维度的概念，涉及学校教育的方方面面。从范围上，它不仅包括了学校内部的各种活动和实践，还涉及学校与外界的互动和影响。从内容上，它不仅关注硬件设施和教学质量的提升，更注重教育理念的创新、治理体系的优化、用人制度的改革以及校园文化的营造等软实力的培养。

学校管理文化、精神文化、课程文化和教师文化是现代化学校文化体系的重要组成部分，它们共同构成了一个有利于学生全面发展的教育生态。学校文化是学校精神面貌的直接体现，它能够影响师生的行为和学校的整体氛围。因此，建设一个有文化、有内涵的教育场域，是每位校长和团队追求的目标。

一个充满真、善、美的校园文化能够提升师生的幸福指数，彰显学校独特的气质。在教育治理现代化的推进进程中，我们要构建和谐共生的学校文化体系。这就需要我们自觉地从现代化理论整体来理解中国式教育现代化的生态理论，而不是仅仅从生态环境保护治理认知的层面来看待。

从本质上说，这种和谐共生的学校文化体系就是一种"大生态观"，它是一种全新的世界观、价值观、历史观、文明观、民主观，或者说是一种更宏观与宽泛意义上的生态世界观方法论。和谐共生的文化在学校治理现代化的过程中，必须深入到学校的管理文化、精神文化、教师文化、课程文化、物质文化和团队文化等等，才能真正扎根、开花、结果。

一、服务心态的管理文化

学校管理文化是在管理过程中所遵循的文化理念和行为模式。人本教育理念下的学校管理强调"以人为本"，关注学生的全面发展，同时也关注教师的成长，并以此指导学校的管理行为。

管理就是服务，以服务心态做管理，是做好管理的基本理念，也是做好管理的最佳策略，更是做好管理的最高境界。毛泽东同学提出的"为人民服务"，后来发展为"全心全意为人民服务"，这正是服务心态管理文化的理论基础。

服务心态的管理文化，就是要打破层级观念，管理者和教职员工一起，做到真正意义上的平等，管理者俯下身子，为教职员工服务，全力支持教师的成长和学校的发展。管理者放下姿态，虚心工作，用心对待日常工作中的每件事、每个人，让同事之间彼此认同、彼此感恩、彼此都用服务的心去服务对方，最终沉淀出良好的服务文化，形成"一伙人，一条心，一件事、一目标"的良好工作氛围和学校文化。

（一）服务心态做管理的内涵

杰克·韦尔奇曾说过："管理层就是服务层，管理者就是服务员。"管理的本质都是服务。对于学校发展来说，以服务心态做管理是管理者最有效的管理方式，有利于调动教职员工的工作积极性和主动性，提高教学质量和管理效能，促进内部的和谐融洽，从而增强学校的凝聚力和核心竞争力。

服务心态做管理是一种以人为本、注重质量和持续改进的管理方式。在学校，服务心态做管理的核心就在于以人为本，关注全体教职员工和学生的成长需求，工作中注重流程的优化和体验感，通过构建开放包容的沟通关系和营造和谐融洽的组织文化等，追求卓越的服务质量，实现组织的长期成功和可持续发展。

1. 服务心态为核心的"金字塔倒置"模型

世界一流战略大师、商界战略管理领路人加里·哈默在《组织的未来》一书中，主张企业应该将决策权下放，给予每位员工更大的自主权。每个人都成为一个小型的决策中心，根据自己的知识、经验和对市场的洞察，做出最佳选择。这不仅极大地提高组织的反应速度，还能更好地激发团队成员的积极性和创新潜能，为组织带来长期的竞争优势。（图5-1-1）

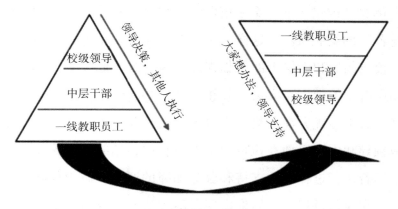

"金字塔倒置"模型

图 5-1-1 学校"金字塔倒置"模型

在传统学校管理中，从决策到执行，往往会形成一个"正金字塔"模型。"正金字塔"模型反映的是传统科层制管理的形态，它的核心是"领导决策，其他人执行"。所以，金字塔中最上层的是校级领导，他们会通过调研等形式了解基层，了解实情，然后作决策，通过中间层的中层干部去传达布置。中层干部作为中间层，没有直接参与决策，不是最了解决策过程的人，也并不是最前沿一线的现场见证人，所以他们作为"传声筒"，其职责功能更多地体现为"上传下达"。中层干部将指令传达到金字塔最底层的一线教职员工去执行，一线教职员工在执行过程中，要严格遵照决策去落实，如果出现新情况，还需要层层反馈到最高层，等待最高层新的决策指令。

在现代学校管理中，为更好地激发师生的积极性和创新潜能，为学校带来长期的竞争优势，从决策到执行，将"正金字塔"倒置,构建一个"金字塔倒置"模型,营造"人人都是决策参与者"的组织氛围。这样,一旦在学校发展中遇到新情况新问题,校级领导和中层干部亲临现场,与一线教职员工一起,组织调动所有相关师生,大家一起想办法,一起讨论商议,拿出解决方案,选出最优方案,然后直接由一线教职员工去执行。而学校校级领导和中层干部在执行落实的过程中,始终与大家一起,共同承担着执行过程中的支持和服务保障的职责,有力保障决策的落实。在执行过程中,如果出现了新的情况,依然采取大家一起商议,一起解决的办法。

2. 服务心态做管理的本质是激励赋能

"金字塔倒置"模型的构建,是管理功能的重新定位,是"服务至上"的管理理念的极好诠释。而服务心态的核心在于激励赋能,激活组织里的每一个人,激发以前处于被动接受管理者的积极性和创造力,把人的因素放到中心位置,让校园里每一个人都成为领导者,激活了教师和学生,激发了学校发展内生力,营造了一个"人人都是决策参与者"的良好教育生态。

对教职员工最大的激励,莫过于学校管理者时刻关注他们的成长和发展,在关键时刻都能提供必要的培训和支持,用个人的专业实力和各种资源搭建平台,托举他们,帮助他们实现个人和职业目标,让他们在成就感和荣誉感的体验中,激发出更大的积极性和创造力。

服务心态做管理,能够迅速凝聚团队力量,得民心,增强老师们对学校,对管理团队的满意度和认同感。对于教职员工个人来说，在服务心态管理文化之下工作，更有利于自身知识和技能的进一步提升，有利于实现更高的自我价值。管理者善于发现每一名教师的闪光点，并创造条件帮助他去发扬光大。

（二）服务心态做管理的效能

学校管理文化是推动学校高质量发展的必由之路，它通过规范和凝聚的功能，影响学校的每一个成员。李希贵在《面向个体的教育》一书中曾说过："真正的领导力恰恰产生于服务，因为当你的服务帮助别人走向成功的时候，他们往往会成为你的追随者，在你身上也才开始产生领导力。这时候你才真正可以成为领导者，而不是一般的管理者。"

管理就是用"心"去服务，优秀的组织往往拥有一支以"全心全意服务"为宗旨的管理队伍。因为管理只有从"管理"转向"服务"，才能更好地激发团队每一个成员的内生力和动力，从而使管理发挥更大的效能，给组织带来更好的发展。所以说，管理者的职能本质是服务员工，通过有效组织手段激发员工创造力、提升协同能力、触发执行力，从而创造价值、提高效益。

高效优质的服务要聚焦到核心任务。学校的核心任务就是教育质量的提升，学生的成长。高效优质的服务就是要在提升育人质量上，为教育教学一线提供优质的服务。高效优质的服务要提供教师参与学校发展建设的机会。

管理就是发现每一个人可以伟大的地方，并让其行走在一条通往伟大的道路上。学校实行师生参与式管理，让师生参与到学校改革发展的具体管理事务中，积极建言献策，激发起人人都是

CEO 的管理热情。高效优质的服务要着眼于教师团队的专业发展。要给教师提供丰富多样、可供选择的学习与成长的机会，让教师们有更好的解决问题的能力，充分的信心及良好的团队合作意识。

所以，学校管理者要始终和老师们站在一起，关心、关注、关爱老师的生活与困难，并及时解决困难，提供各种支持与帮助。管理者尊重老教师，善待每一位新教师，在工作中给予他们最大的帮助，为他们提供一切可以学习成长的机会，想尽一切办法为他们营造舒适、和谐的工作环境。

二、唤醒激活的精神文化

文化，是现代化学校治理的灵魂。理想的学校治理，应立足"以文化人"，实现文化治理。所以说，学校精神文化是现代化学校文化的核心，是学校发展的灵魂。学校精神文化建设是学校文化的最高层次，它代表了学校的共同价值观和精神特质。学校精神文化主要包括价值观念、办学思想、群体意识和行为规范，它能够展示学校形象，提高学校文明程度，并对师生产生深远的影响。

苏霍姆林斯基说过：每个人的心中都有被发现、被激励的欲望。唤醒激活的精神文化是在以人为本的基本理念下，基于人的本性，而构建的一种激励赋能为核心的文化。管理的本质是激发人的善意，管理的最终目标就是使人不断向好。学校通过营造一种唤醒激活的精神文化，在治理中就有了温度，以美育人、以文化人，学校的发展本质上是文化的发展，学校文化凝聚和激励着全体教职员工，是学校发展的强大驱动力。

文化是最好的教育，也是最有效的治理。文化治理就是以人为出发点，并以人的价值实现为最终治理目的的尊重人性的治理。作为教师，同样需要学校的发现、引导与鼓舞。研究表明，来自于人的内在的动机才是持久的、力量强大的工作动力，而人的道德的、精神的力量，远远大于物质的甚至情感的力量。在学校治理过程中，坚持以人为本，学校充满了浓浓的人情味儿。身处于"和谐"而有"温度"的校园环境中，师生会有一种美感，即哲人所说的"和谐即美"。

文化引领下的学校治理应是充满着爱和情怀的。在学校治理方面，我们要坚持"以人为本，德法兼治"，在刚柔之间寻求平衡，以文化之力，提倡制度为基、激励为本，通过精神引领，采取得当的措施、适度适宜的制度调控和引导，让广大教师获得成长的愉悦感，营造一个和谐民主、蓬勃向上的学校氛围，增强各参与主体的凝聚力，形成治理合力。

（一）公平激励的制度环境，多维的发展空间和机遇

苏联著名教育家苏霍姆林斯基曾经说过："一个好校长，就是一个好学校。"可见，校长在学校发展中的责任分量。校长最核心的两项工作，一项是要建立公平激励的制度环境，营造一种开放、包容、互信的工作氛围，让教师在这个大家庭中感受到平等和尊严；另一项就是不断唤醒激活教师，营造出一种积极向上、促人奋进的精神文化，激发教室更多的创造性思维、更大的

工作热情，积极参与到教育改革的过程中。

我们说，制度是刚性的，往往规定哪些不能做；而文化是柔性的，常常倡导哪些应该做。制度只在有监督的地方起作用，是底线，也是他律；文化在无监督的地方起作用，是润物无声的高线引领，也是自律。制度是"纲"，具有强制性，强调执行力，是"要我做"；文化为"魂"，没有强制性，强调感染力，是"我要做"。

尊重是激发潜力的基石。教师是有思想、有创造力的个体，而不是简单的执行者。通过尊重每一位教师的个体差异，信任他们的专业判断，让教师感受到自己在教育事业中的价值，就能够激发出他们更大的潜力。

1. 注重公平，发展面前人人平等

公平是现代学校治理所追求达到的效果。《北京十一学校行动纲要》提出："世间没有绝对的公平，但管理者的行动应该是公平的；民主的程序必须是公平的；创造'看得见的平等'与'看得见的校园文化'。"

在资源配置上，让最需要资源的人员能方便地获取资源，尽量让使用资源的人有权利合理管理资源。在薪酬、荣誉和福利待遇分配上，坚持按劳分配、按岗取酬、绩优酬高、薪随岗变等原则，把薪酬体系设计成教师成长全景图，让荣誉体系成为自我实现的入口。在治理评价上创造各种机会，运用多种方式，发现并展示每个人的闪光点。学校在实现多主体治理，多路径治理的过程中多样态、多维度地实现学校教育的公平。

学校治理中，制度就像一盏指南针，为教职员工指明方向，告诉他们哪些可以做，哪些不可以做。制度的目的就是激发员工好的那一面，抑制员工恶的那一面。所以，我们要用好的制度激发员工的善意。例如：用分配解决人性的自私，用考核解决人性的懒惰，用晋升解决人性的虚荣，用激励解决人性的驱动力。

从人性本善的视角来看，每个人都有积极向上的主观意愿，都希望自己能通过出色的工作业绩得到他人和组织的认可。此时，公平的奖励激励制度，就像一剂催化剂，能激发人的巨大潜能，反映出人的价值。从人性本恶的视角来看，每个人都有惰性、自私、虚荣等弱点，如果没有制度约束和引导，这些弱点就会被无限放大。此时，公平的制度，就像一道防火墙，能抑制这些恶的因素。由此可见，公平的制度对于管理人性，至关重要。

学校本着"面向全体教师，发展面前人人平等"的原则，创设公平的制度环境。尤其是学校的奖励惩罚要发挥不同的四种作用，奖是给有结果的人，励是给有过程但没有结果的人，奖励是给既有过程又有结果的人；惩是给那些不能再给机会，要清除的人；罚是要给还要留有机会，但得让他记住教训的人。

在人的发展方面，还要有公平制度的设计，以保障每一个人在发展面前，有着平等的学习和发展机会。各项评价指标按要求民主商定，评委人选按要求民主产生，评选程序公开透明，打分表双向确认制，评选结果按要求公示等。

教育工作是一个教学相长的过程，每一名教师都需要不断学习，不断提升自己的专业素养，才能源源不断地输出新的知识、新的智慧。所以，学校应提供公平、持续的专业发展空间，包括组织教研活动、鼓励参加培训、提供学习机会等，为教师专业成长和个人发展提供平等的机会，多维的发展平台和机遇，帮助教师在专业领域有更多的突破，促使他们分享经验、互相学习，不断拓展专业边界。

良好的组织氛围和团队文化，同样也很重要。创设公平对待每一名教师的大环境，在团队发展中，倡导一种健康的竞合关系，营造正向的良性的组织氛围。专业发展的空间会激发教师更多的学习欲望，使他们在教学中持续进步。让老师自身努力被肯定、被认可，不断产生自我实现的需要。

2. 双向聘任，把自主选择权还给老师

唤醒激活精神文化的前提是充分尊重每个人的个性、能力等方面的差异，管理者要有敏锐的洞察力，在使用人才的时候给大家充分的自由选择权，能做到扬长避短。在干部教师的选聘上，可以采取双向聘任制度，干部根据自己的专长和特点，在管理岗位间做"双选式"调整，教师在岗位聘任时进行双向选择，在学校统筹的大背景下，允许教师自主选择专业方向。

一般情况下，一个人在自由和尊重的平台上能最大限度地发挥长处，取得成效，在成功中他们又获得了成功的体验、成就感和荣誉感，接下来，"不用扬鞭自奋蹄"的自我激励和鞭策就会产生。所以，让干部在双向聘任中有机会去选择自己热爱的、适合自己的岗位，就能最大限度地激发干部干事做事的热情。

3. 激励性制度，激发人性最大的善意和无限的可能

学校治理要能让组织结构较好地运行，制度建设是一项必不可少的内容，通过制度才能把学校的人、财、物、时空、信息等管理要素，根据学校教育教学活动的需要实现最优组合，形成科学的运行机制，发挥整体效益。

现代学校治理注重构建激励性制度，让制度更好地为现代学校治理保驾护航，建设充满生命活力和创新力的高质量学校。在学校现代化制度建设中，激励性制度占据着重要地位。每个人的内心，都住着一个"天使"，一个"恶魔"。基于人性的制度设计，就在于要设计出激励性制度，将人性中美好的一面激发出来，让"天使"翩翩起舞，让"恶魔"沉睡。

要让我们的管理有温度，就要设计激励性制度，对于利己、利他、损己和损他的外部行为，我们通过构建一个学校制度中的外部行为类型坐标来诠释。（图5-2-1）

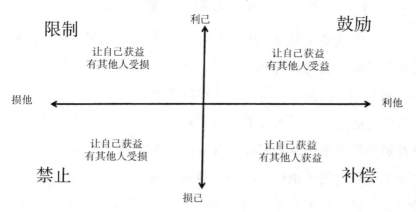

图5-2-1 学校制度中的外部行为类型坐标

第一象限是让自己和他人都获益，利己利他的行为；第二象限是让自己获益，让他人受损，利己损他的行为；第三象限是让自己和他人都受损，损己损他的行为；第四象限是让自己受损，让他人获益，损己利他的行为。

学校要加大鼓励和奖励的力度，构建更多的第一象限的制度，或者不断将人们的行为从其他象限引导或调整到第一象限的制度，这样就能激励人不断向善向好。对于第二象限损人利己的行为，学校在坚守公平正义的基础上，要加以限制。对于第三象限损人不利己的行为，学校要明令禁止。对于第四象限损己利人的行为，学校要在物质、荣誉、福利等方面给予一定的补偿。

李希贵校长在《学校制度改进》一书中指出，在一个组织之中，处于第一象限的"鼓励性制度"越多，或者受到制度认可的行为越多，说明这个组织的生态就越好，对组织目标的价值认同也就越高。

（二）以爱育爱，让爱心在管理和育人中流淌

没有爱就没有教育。爱的教育，从哪里开始呢？最终的目标又在哪里呢？爱的教育的起点是"校长爱教师"，校长承担着激活教师潜能，挖掘优秀教师人才的巨大使命任务。因为教师的综合素质与能力决定了人才的培育与锻造，教师的主观能动性和向好发展愿望决定了孩子们在教育成长过程中的健康质量。

通过创造各种条件不断提升教师幸福指数，最终将爱心传递给学生。将"以爱育爱"作为师德建设的关键驱动点，多渠道、多途径唤醒"师爱"，将爱心传递给学生。

1. 让管理在热爱教师中智慧凝聚

著名管理大师德鲁克在论述领导力时曾说过："领导力的本质就是发挥人的长处，激发人的潜能的能力。"一个好的学校管理，就是调动全体教师自觉自发地行动起来，一步步践行教育目标任务，培养优秀、卓越人才。当一个学校教师的能动性被充分调动起来，整个团队自身的积极因子就会被激活，能有效激发学校发展的活力，推动学生培优工作高质量发展。这样一来，学校的发展就会充满活力，学校的发展愿景就会如期实现。

校长是激活教师潜能的关键所在，一个校长最重要的使命就是激发每一个教师创造的激情和潜能，要激活教师的每一个积极细胞和因子，并把它转化为教师们实际的教学业绩和卓越的教学能力。所以说，校长不仅肩负学校高质量发展的重任，而且始终以关心、引领、发展、成就教师为己任，承担着引领师生健康成长，打造优秀教师团队，培养优秀师生人才的重要任务。

校长要有一双"慧眼"，做好骨干教师的发现培养，成为调动这一切鲜活因子的重要因素。校长要从心底热爱教师，充分信任并尊重教师的专业性与创造性，肯定他们在教学工作中的每一份贡献，关注教师的内心世界，关怀他们的自我价值实现过程。

一流的学校不仅需要一流的管理，更需要先进的人才培养模式，用以支撑教育教学长远高质量发展需求。通过有效的沟通与倾听，校长能够及时洞察并解决实际问题，坚持原则，敢于直面挑战，始终将追求正确的事情置于个人利益之上。

2. 让教育在热爱学生中产生力量

学生的成长、教学的效益，很大程度上取决于一支"有理想信念、有道德情操、有扎实学识、有仁爱之心"的教师队伍。教师是推进教育发展、促进学生成长的关键力量，我们希望教师以做一个有志、有识、有趣、有恒的教育工作者为目标，因为教师越是热爱教育，内驱力就越强烈，产生的教育力量就越强大。

只有校长热爱教师，教师在学校管理和日常工作中感受到"被爱"，教师才能将这种爱传递给学生，做到真心地热爱学生。教师要热爱学生，就要在三个方面达成共识：一是坚信并践行"成人大于成事"，在育人上要着眼学生一生的成长，而不是一时一事的成败与得失。二是坚信并践行"养成大于速成"，给学生成长一点儿时间和空间，要有静等花开的耐心。三是坚信并践行"内化大于灌输"，教育要下慢功夫，在育人的过程中，不能硬性灌输，而是要春风化雨式的润物于无声。

（三）尊重教师，激发热情与创造力

教师的潜力不能通过管理和限制完全被激发，而是需要我们耐心孕育和涵养，更需要一种科学的方法去引导和唤醒。通俗地讲，就是激发教师内在的精神和道德的力量，让教师在自己从事的教育事业的使命感中获得信仰的力量、发展的动力和教育的激情。

人是一个主观的个体，都具有主观能动性，当教师们发现自己的建议能有助于学校发展时，就有了行动力。释放教师的潜能应先从观念开始，学校管理者要正面看待每个人，发现每个人的

长处，肯定每个人都有不同的价值。发现或发掘每个人的潜能，多激发教师发声，少些一言堂。

引导教师在学校事务中提出建设性意见，参与事务决策，以激发他们内在的潜能，让教师更有成就感，更有归属感，给学生带来更丰富、更有深度的教育体验。

1. 尊重教师，采纳合理化建议

管理学大师德鲁克说过：管理的三大任务之一，就是要"确保员工的工作富有生产力，并且使员工有所成就，产生效益"。这就对我们的管理提出了更高的要求，管理既要按照工作的逻辑来设计分工、流程，又要按照从事工作的人的特点来实施个性化、针对性的有效领导。也就是说，既要尊重工作本身的特点和基本规律，也要尊重个体的人的特点和人性的基本特征。所以，在学校管理工作中，尊重教师就显得尤为重要。

尊重教师，首先要尊重教师在工作中的付出和贡献。管理者要善于表达对教师付出和贡献的尊重，及时给予肯定。要基于"人性善"的理论，相信教师，相信教师在工作中有更好地表现的意愿，始终能看到教师的努力和付出，要适时地为教师的任务赋予意义，让教师在工作中富有创造性，帮助教师取得更大的成效，对教师工作中的进步和变化及时做出积极的评价和反应，随时给予动力和支持。

对教师最大的尊重，莫过于采纳其合理化、建设性的意见和建议。认真倾听他们的建议，观察他们的做法，适时地有意识地采纳这些合理化建议和做法，让他们感受到成功的喜悦，进一步激发他们参与学校建设和发展的热情。

2. 参与决策，激发热情与创造力

赋予教师更多的决策权，让他们参与到课程设计、教学方法的选择、学科发展规划等方面的决策中来。参与决策，不仅能促进学校管理者和教师之间的沟通与理解，提升老师的参与度和信任度，凝聚群体智慧，而且，对于教师主人翁意识的培养，也有着重大意义。参与决策，让教师们感觉到自己和学校里的大小事情产生了关系，建立了链接，甚至发展中还融入了自己的智慧和心血，这样一来，更加深了他们对学校的认同感和归属感。

在学校生活中，教师是教育的设计者和实践者，他们是离学生最近的工作者，他们更了解学生的特点和需求，更能够有效地应对复杂的教学情境。所以，在这些决策中，他们比其他的管理者更有发言权，此时，充分听取来自一线的意见和建议，也能保证我们的决策更科学、更有实效，同时，还能激发教师们在教学中发挥更大的创造性和主动性。

在适当的时候，要对教师的决策进行宣传推广，给予正面激励、认可成绩、鼓励创新，以激发教师的热情和创造力。营造一个充满激情和创造力的教育环境，吸引更多优秀的教师参与学校建设的决策中来，激发教师们更大的工作热情。

（四）人文唤醒，让每个人感觉到自己很重要

一个人首先感受到"被爱"，才有力量传递"爱心"。管理者要人文唤醒教师，唤醒教师内心自我成长的需要。当校园里的每一个人都能感受到自己很重要的时候，当教师们都很珍惜自己的

学校、岗位和事业时，当教师们能真切感受到学校、岗位和事业所带来的成就感、自豪感时，他们才会以最饱满的热情投入工作，自觉思考、主动完成分内分外的事情。

1. 深入了解，增进理解与信任

要想迅速了解、全面掌握情况，最有效率的方式就是开展各种调查问卷、意见征询等，让教师们对学校、对自我的现状有清醒的认识，对学校的发展思路有认同，感受到自己是学校的主人，同时，也能最大限度凝聚集体智慧，引导教师们共商学校发展和改革的大事。

深入了解最真实的情况，其中最直接、最好的方式莫过于校长与教师座谈沙龙、一对一的谈心谈话，亲自倾听教师的心声，采纳教师的合理建议，不断提升学校教育管理服务的质量和水平，营造学生健康成长成才的良好环境氛围。

问卷调查、座谈沙龙和谈心谈话等活动，能促进全体教职员工在思想上达成共识，情感上形成共鸣，行动上实现共进。一方面，校长能真实全面地了解课堂教学、教师工作和教师终身学习状况，清楚教师对学校发展愿景的关注关心、参与参加情况等，另一方面，教师也能在与校长的交流中，进一步内化学校的管理文化、精神文化、教学改革和学校发展等。

2. 贴心关怀，激活教师温暖有爱

尊重教师，关注教师的生活和情感，让教师在职业生涯中不断获得满足感、成就感和幸福感。学校在基础设施中建设了暖心驿站、茶歇室、教师休息室、健身房、教师社团等，通过提供可见的硬件服务和喜闻乐见的个人情操提升课程，丰富教师工作之余的生活，让教师在点滴中体会到深切的热爱。

真诚相待，促进情感升华。在一些重要的时间点，用一种专属式的方式，送去祝福与温暖。例如：各种节日来临时，以现场、视频、信件等形式进行问候，在车辆限号和特殊天气时，送去温馨提示。教师节时手写专属贺卡、教师生日时手写专属祝福语，教师取得成绩时及时适切的群内点赞等，都能带给老师们震撼和感动，让他们感受到自己的付出都在学校的关注之内。

提升教师幸福指数的核心就在于让教师不断获得职业满足感、成就感和幸福感。要做到尊重教师，真心关切教师生活和情感，强化组织对教师个体人文关怀；竭尽全力成就教师，助其自我唤醒、自我成全，发现和体认自我价值；建立命运共同体，只有学校发展好，教师才能发展好，只有教师有爱，学校才能充满爱。

贴心的唤醒就要充分体恤教师甘苦和心情，给他们最需要的关怀，给他们最舒心最能接受的引领，很大程度上激发了一批教师自我反思和自我提高。

三、学生立场的课程文化

学校课程文化涉及学校课程设置的理念和实践，包括课程内容、教学方法、评价方式等。课程文化应当围绕学生的成长需求设计，旨在培养学生的核心素养和关键能力。

学生立场就是要站在学生的角度来看待和实施教育活动，强调以学生为本，关注学生的全面发展和生命质量的提升。学生立场要求教师从学生的需求出发，尊重学生的个性和独立性，同时也意味着学校教育应当关注学生的生命体验和生存方式的形成。

学生立场的教育活动，是尊重学生的个性和独立性的活动。它把学生放在平等的位置，承认学生作为人的属性，认为学生拥有与成人同样的人格。教育活动的目标在于提升学生的生命质量，认为教育是直面人的生命、通过人的生命、为了提高人的生命质量的社会活动。

学生立场的课程文化，在课程实施中，时刻关注学生的学习经历，强调改变传统的教学方案，解决课堂教学中的问题，实现真正的学习。学生立场要求教师在日常教学中更多地关注学生的生命状态，而不仅仅是教学内容的传授。

学生立场的课程文化强调以学生为中心，关注学生的个性化需求和全面发展。它是对传统教学的一种反思和超越，它鼓励教育者从学生的角度出发，重新审视和构建教育过程，以促进学生的全面和谐发展。

（一）学生立场的课程体系

学生立场的课程体系是一种以学生的发展需求和核心素养为出发点，围绕学生个体的全面发展来设计和实施的一套课程体系。它强调课程设计和教学实施应以促进学生的全面发展为目的，教学中强调学生的个性化和差异化需求，注重培养学生的自我学习能力、批判性思维能力以及社会实践能力等。学生立场的课程体系不仅仅是传授知识的平台，更是培养学生终身学习能力和适应未来社会挑战的重要途径。

　　学生立场的课程体系更加注重学生的主动参与和体验，以及对知识的应用和创新能力的培养。要求教师深入理解学生的个性和需求，设计与学生生活经验和未来发展紧密相关的课程内容，创造有利于学生主动学习和全面发展的教学环境。

　　学生立场的课程体系，更加注重学生的主体性，鼓励学生参与课程的选择和设计，使教育过程更加人性化、个性化，为学生搭建丰富多元且具个性化的课程平台，丰富学生的个人选择。同时，能有效调动教师发挥个人特长和主动研究的积极性。

　　1. 学生立场课程体系的指导思想

　　学生立场课程体系的指导思想是生命课程引领成长，人本教育润泽生命。它注重价值建构，它的总体目标是全面贯彻党的教育方针、落实立德树人根本任务和培养德智体美劳全面发展的建设者和接班人。它注重理念建构，学生立场的课程体系在建构时遵循两个规律，即：遵循学生成长发展规律和遵循教育教学规律。它突出两种能力的建构，即：提升师生发展能力和提升学校为师生成长赋能的能力。

　　学生立场课程体系构建时，要遵循以下三个原则：

　　一是按需设置。在构建课程体系时，需要从研究学生的发展需求出发，整合学校已有的选修课与活动课，确保课程内容能够真正符合学生的兴趣和成长需要。

　　二是突出特色。这里的特色一方面课程设计要体现基于学生兴趣，学校通过问卷调查等形式了解学生的喜好，对现有课程进行评估和调整，剔除不受欢迎的课程，拓展和延伸受学生喜爱的课程内容。另一方面学校尽可能提供丰富、多元、可供选择的课程，保证多样化课程的设置。设置基础课程、拓展课程和特色课程等多元化的课程类别，满足不同学生的学习需求和个性发展。这种课程结构旨在强化学生的基础知识，同时提供丰富的选修课程以拓宽学生的视野，并通过特色课程展现学校的独特教育理念。

三是分层分类。学校整体规划国家、地方和校本课程，在确保国家课程主体地位的同时，通过地方课程、校本课程等形式拓展和延伸国家课程，使其更加灵活和多样化，更好地服务于学生核心素养的发展。严格遵循国家课程标准提供的课程性质、理念、目标、内容、学业质量和实施等方面的指导，以此为基础，确保课程的质量和效果。

2. 学生立场课程体系的主要内容

根据马斯洛需求层次理论和中国学生核心素养体系，在学校育人目标的指引下，学校纵向贯通、横向联通，建设具有校本特色的课程体系。纵向贯通，开发八大核心课程群，主要包括：生命教育、德育、人文、科技教育、艺术教育、体育、思维、国际理解与国际交流等课程；横向联通，将文科类课程打通，整合语文、历史、思品、音乐、美术、舞蹈等，研发了《中华经典海量阅读》《礼乐校本课程》《中华民族传统美术》《爱国历史剧》《民族舞》等课程；将理科类课程打通，整合地理、生物、化学、物理，设置了《生物多样性研究》《航模》《海模》等课程。

学校八大课程群，分三类有计划、有侧重、分步骤实施。第一类课程是基础类国家课程，它是面向全体学生开设的必修内容，旨在为促进学生全面发展而夯实基础。第二类课程是拓展类课程，它是面向部分学生开设的群体必修内容，分学段开设和实施，旨在为培养专门人才而发掘潜能。第三类课程是特长类课程，它是面向个别学生开设的选修内容，旨在为培养有特长的学生发展而发展个性。第三类课程就是学校开发补充的丰富、多元、可供学生选择的校本课程。

在课程实施过程中，采取国家基础课程校本化实施、学校校本课程生本化建设和学生特需课程个性化建构三线并行，旨在培养具有特色的新时代中华好少年。

（二）学为中心的课堂实践

学为中心的课堂是一种将学生置于学习过程的核心位置，强调学生的主动参与和自主学习的课堂实践。学为中心的课堂，充分体现了"以生为本"，它回归到育人的本质，即：人的成长。学为中心的课堂追求的不仅仅是学会，而且是会学、乐学，有终身学习的能力和动力，这就回到了人的成长。

学校在推进课程改革的进程中，大致经历了四个阶段：一是教学模式建构阶段，以关注方法，基于教材为特征，表现为教师讲的时长和教与学的顺序可调整，内容严格按教科书顺序，止步于方法论；二是学科结构优化阶段，以关注内容，优化教材为特征，表现为改变教科书固有逻辑，围绕主题设计教学活动、调整顺序、拓展学科实施容量，仅在教科书内寻出路；三是学科之间

208

融合阶段，以关注跨界、自编教材为特征，表现为跨学科跨领域融合课程形态，通过项目学习等培育完整的人；四是课程整体重构阶段，以关注整体、超越教材为特征，表现为依据人与自我、人与社会、人与自然整合学习内容，真实情境、逆向设计、观念聚合、深度挖掘。

1. 学为中心课堂的内涵与特点

学为中心课堂是以学生为主体，强调学生的自主学习和合作学习，教师在学习过程中承担引导和促进的作用。学生在课堂扮演主导角色，控制和管理自己的学习活动，教师从控制者转变为学习的引导者和支持者。

学为中心的课堂将学生放在教学活动的核心位置，把学习过程还给学生，鼓励学生自主探究和合作交流，让学生在学习中发现问题、理解问题、解决问题，注重培养学生的质疑能力、自主学习能力和终身学习的习惯，培养正确价值观、高阶思维与问题解决能力，从而激发学习动力，释放学习潜能，使他们能够适应快速变化的社会和工作环境。

学为中心的课堂要求教育者转变传统的教学观念，不再将教学过程局限于教师的知识传授，通过指导学生提出问题、研究问题，帮助学生构建自己的知识体系。所以说，学为中心课堂最大的特点是学生主体性和教师主导性，这种教育理念不仅关注学生当前的学习成绩，更重视培养学生的终身学习能力和独立思考能力。

学为中心课堂往往教学方法多样，采用小组活动、协作式、设计式、个别式等多种教学方法，结合互联网、多媒体等进行教学设计和规划。学为中心课堂注重培养学生质疑能力和元认知的发展，鼓励学生提出问题、建立联系，培养他们探索学习内容意义的习惯，而非仅仅依赖于机械记忆。学生在课堂中不断发展元认知系统，更多地使用深层的学习策略，关注知识间的联系。

2. 学为中心课堂的"三学""四式"

学为中心课堂就是要激发学生的学习热情并培养自主学习能力，所以，它突出学生主体性作用的发挥。学生的学主要体现在"三学"上，即：课前导学、课上要学和课后促学。

课前导学讲求"三导"，即：目标导航、思维导引和问题导学，最终达成课堂上的"三活"，即：学生思维活跃、学生表现活泼和活动设计灵活。

课上要学讲求"三学"，即：想学、会学和乐学，要想让学生想学，课堂上教师就要善于激发学生学习兴趣。要想让学生会学，教师就要给学生学习的"支架"和"脚手架"。要想让学生乐学，教师就要适时给学生成功的体验。所以，学生在这样的课堂上就会愿意去表达，勤于思考、能够提出提问，独立思考后，敢于大胆质疑。

课后促学讲求"三评"，即：课堂氛围、学生状态和目标达成。这也是学校领导干部或同学科组成员在观课时要重点关注的三个要点。

要达成学为中心的课堂，教师的角色必须发生转变，从传统的知识传授者转变为学习的引导者和促进者，更多地关注、激发和引导学生的积极主动性。教师要设计多样化的教学策略，采用多种教学方法和工具，如小组活动、协作式、设计式、个别式教学等，以及互联网和多媒体等技术手段，以适应不同学生的学习需求和偏好。

学为中心的课堂，如何达成学生的学，还要关注教学的过程，教师要注重"四式"。即：启发式、讨论式、探究式和参与式。其中，启发式注重创设情境和问题导向，讨论式注重交流讨论和点拨归纳，探究式注重自主学习和问题解决，参与式注重合作互学和总结归纳。

四、仁爱至善的教师文化

学校教师文化是教师群体所共有的价值观念、教育信念、教学风格和专业行为。教师文化对学生的学习和发展有着直接的影响，教师的专业发展和成长也是学校文化建设的重要方面。

"千教万教，教人求真；千学万学，学做真人"，真正的好教师，拥有丰厚的知识、智慧和高尚的品德修养，言传身教，春风化雨般传导给学生。心中有爱、眼里有光的教师，才能教出阳光自信、善良勇敢的学生。自己能体味到世间的美好，积极进取的教师，才能让学生感受到这个世界是美好的、充满希望和正能量的。

仁爱至善的教师文化，是一种以人为本的教育理念在教师文化中的体现。它要求教师在教学过程中既要有深厚的学识和专业的教育技能，也要有爱心和责任感，以促进学生成为德智体美劳全面发展的人。

仁爱至善的教师文化，要求教师在教育过程中，秉承仁爱之心，追求教育的至善目标，全面育人，尊重并理解学生，引导学生成为积极进取的人，身心健康的人，热爱生活、尊重生命、充满爱心的人，以实现学生和社会的全面发展。

仁爱至善的教师文化不仅仅是对教师个人的要求，更是对整个教育系统和社会的期望，旨在通过教育培养出能够适应社会发展、具有创新精神和实践能力的新一代人才。

（一）"和谐共生"的价值引领

和谐共生一词通常是指人与自然的友好关系，它是生态文明的一个重要用语。广义上讲，人与自我、人与他人的融洽关系也是和谐共生的范畴。

1. 构建"三个生命共同体"

和谐共生这一生态世界观的精髓要义，就是要构建"三个生命共同体"，即：人与自我生命共同体、人与他人生命共同体和人与自然生命共同体。

（1）人与自我生命共同体

人与自我的关系是最基本的关系，因为我们的一切思想、情感和行为都是源自自我。人与自我生命共同体，就是个人在不断探索自我，并深入了解自我的前提下，以最合适的方式来处理自我与外部世界的关系，实现更加和谐、稳定和幸福的生活。

然而，认识自我是一个非常复杂的过程，它不仅需要了解我们自己的生理特征、社会背景和人际关系等方面的实际情形和内在潜力，还需要我们不断追问，不断深入探索和挖掘自己的内心世界，包括内在的价值观、信仰、性格、兴趣爱好、优点和缺点等。同时，还需要我们克服自我偏见、认知局限、个人盲点等，学会自我调适，了解自己的身体和心理变化。

在认识自我的过程中，我们可以借助思维工具实现对自我的认知和准确定位。每个人都有"四个自我"，即：公开的自我、隐私的自我、背后的自我和潜在的自我。自己知道，他人也知道的是公开的自我，自己知道，他人不知道的是隐私自我。自己不知道，他人知道是背后自我。自己不知道，他人不知道是潜在的自我。只有充分认识到这"四个自我"，我们才能够更好地与自我相处，实现自我与外部世界的和谐平衡。

（2）人与他人生命共同体

人与他人的关系是最普遍的关系，因为每一个生命个体，在一来到这个世界，就有了各种各样的人际关系，如亲子关系、朋友关系、同学关系、同事关系等等。人与他人的关系构成了社会的基础，每一种关系都以其特定的方式和方法来维系，从而产生更加和谐、更加稳定的关系。

我们对人际关系要有一个清晰的认知，在不同的人际关系中，我们在认知、情感和行为三个方面都会有不同程度的表现，这也是判断人际关系亲疏程度的重要指标。人际交往中的认知，指的是人们对于某个人、某个群体或某种行为的认识和理解程度，这是人际交往能否深入的基石。人际交往中的情感，指的是人们在交往过程中产生的积极或消极的情感体验，这是人际交往中最重要的因素。人际交往中的行为，指的是人们在交往过程中表现出来的态度和行动，这是人际交往的关键。

构建良好的人际关系，尊重和理解是前提，有效的沟通和交流是关键，彼此的信任和支持是目标。沟通是人与人之间交流思想、分享信息的过程，而真诚则是沟通的基础。在人际交往中，由于性格、习惯、沟通方式等差异，容易产生误解和冲突。这时，需要用真诚的态度去沟通，沟通的关键在于少诉说多倾听，在倾听中，我们可以更好地理解对方的想法和需求，从而找到双方都能接受的解决方案，以解开误会，消除隔阂。这样可以让对方更容易接受我们的观点，也能够减少冲突和误解。在沟通时，我们要秉持开放包容的心态，认真倾听对方的意见和想法，不要一味急于表达自己的观点。必须表达时，我们也要注意沟通的语气和措辞，避免使用攻击性的语言，而是用平和、理性的方式来表达自己的观点。通过真诚地表达自己的想法和感受，倾听他人的声音，理解并尊重对方的立场，建立一种基于信任和理解的关系，以促进彼此之间的合作与和谐。

人与人之间的交往，不可能一成不变，有时候，可能会有一些分歧，我们不能因为害怕冲突或者担心伤害对方的感情而回避分歧，我们要勇敢地面对，坦诚地表达自己的看法和感受。我们要根据不同的人际关系选择不同的沟通方式和方法，保持耐心和理解，智慧和实践的结合有助于我们更好地处理和管理人际关系。

正确地处理人际关系也需要我们注重自我发展和心理素质的

提升，我们要能够站在对方的角度思考问题，感受对方的情感和需求。换位思考，推己及人，更好地理解对方的立场和想法，从而更容易找到双方都能接受的解决方案。在沟通时，我们可以尝试用"我"来表达自己的感受和需求，而不是指责对方。只有在我们有信心和能力充分发挥自己的潜力，有足够的情商和思维能力来应对各种情境，才能够在人际关系中走得更长远和更成功。

（3）人与自然生命共同体

人与自然的关系是人类思考的一个亘古不变的哲学基本问题。人与自然的关系是世界上最根本的关系，因为人是自然界的一部分。自然界中包括人类在内的一切生物，它们都是通过完成了与自然的互动而得到了一定限度的自由。唯物辩证法认为，世界是矛盾统一的，人类社会和自然社会是这一矛盾统一的双方。人类与自然是相互联系、相互依存、相互渗透的。

中国古代，"天人合一"一词，表达了人与自然之间命运与共的紧密联系，"天人合一"这一思想代表中国古代哲学的"主要基调"，在我国探索人与自然关系的诸多学说中影响最为深远。《周易》点明包括人在内的一切生命都是自然孕育的产物，"天地之大德曰生""天地氤氲，万物化醇"等经典语句，体现了中国古代整体世界观和朴素唯物主义。此后，儒、释、道作为中国传统思想的主要流派，讲求万物一体，对天人合一多有阐述，都是以仁爱万物、天地人相和谐为其思想旨归。在西方，马克思用"自然是人的无机的身体"表达了自然对人类生存发展而言如自己身体一般不可或缺的重要性。恩格斯警告人类"不要过分陶醉于我们人类对自然界的胜利"。

人与自然和谐共生的生态观、发展观，是新时代中国共产党对于经济社会发展的基本立场，而"绿水青山就是金山银山"理念和"美丽中国"的愿景和目标，就是这种生态观、发展观的典型表达。人类是自然长期进化的结果，具有高度的能动性和创造性。人类可以利用自然资源、改造自然环境，但归根结底仍是自然的一部分，必须呵护自然、保护自然。

人类社会是人对自然界加以改造后的人类群体的生活空间，不过这样的生活空间在本质上依旧是自然界，只不过它是被改造过的自然界，环境比荒山野岭要友善许多。在人类社会中，人与自然的关系，可以被重新解释为人与人类社会的关系。人类的自然环境、自然资源和自然生态系统是我们生存和发展的基础，我们必须尊重自然、保护自然，不能凌驾于自然之上，否则就会引起自然的反噬和报复。

在实践中，我们需要不断探索和发展人类与自然的和谐关系。这需要我们通过科学技术和管理手段来保护自然环境、利用自然资源、提高生态效益，促进人类与自然的协调发展。同时，我们也需要推动人类的文化、精神和社会制度的自我升华，倡导人与自然和谐共生、可持续的发展理念，逐步实现人类社会与自然社会的真正统一。只有这样，我们才能够实现人类的可持续发展和共同繁荣。

2. 价值引领，凝聚共识

价值引领，就是要构建学校的使命，使命能达到让人"使上性命都愿意"的境界，便能明白使命的真实力量。要明确学校发展清晰的目标，包括学校的办学理念、使命、愿景、价值观、学校的整体目标、部门目标和个人目标。

使命是刻在每个人心上的，是每位成员都要时刻牢记的。使命指明了方向，是学校做什么和不做什么的依据，是学校存在的目的和原因，是战略的本源。所以，老师必须明确知晓学校的目标，对完成学校目标的途径有一个完整、清晰的认知，尤其是个人在其中承担的角色和任务要了如指掌。这样一来，老师就能按照目标要求自行计划工作，以自我赋能的管理取代自上而下的管控式管理。

学校最重要的工作是教书育人，培养国家需要的人才，培养推动社会进步和国家发展的人才，培养身心健康的人才，培养有生命力、有创造力、有思想力、有责任、有担当的优秀公民。教师不仅传授知识，更重要的是培养学生的全面发展，包括道德、智力、体质等各方面的成长。

学校领导要凝聚教师共识，利用不同场合和不同机会宣讲，以提高团队的认知度和接受度，让人在学校的每个角落都能感受到学校使命、愿景、价值观的气息。学校采用"请进来""走出去"等形式，为那些想要成长、有意愿成功的人搭建平台，提供精神引领和专业支持，发挥专家团队引领指导作用，激发教师们成长的内驱力，使之自动自发、全身心投入到自己的教育教学中去，让精神力量发挥点燃的作用。

一个学校的长远发展，不能单靠经验主义，不能用静止不动的思维来应对多变复杂的世界。学校发展、教师成长需要有文化的引领，没有文化，犹如干瘪的口袋，即使装满了真理，也大都失去了活性和存在的意义。所以，作为校长，有义务有责任带动教师们多读书，丰厚自己的文化底蕴，感受文化的滋润。

（二）"仁爱至善"文化下的校园关系

师生关系、同事关系和干群关系，是校园最主要的三大关系，这三大关系的构建是在学校价值观、教师文化的引领影响之下形成的，同时，也反作用了学校的教师文化和人文环境。"仁爱至善"教师文化的落地，主要是依靠构建师生关系、同事关系和干群这三大关系来实现。

通过构建"三大关系"，创设"有情有义相处、有声有色工作、有滋有味生活"的文化氛围，营造"仁爱至善"的教师文化。在学校创设的正向积极的工作环境里，不断唤醒主人翁意识，激活主动性、创造性，持续发力，持续赋能提升。

1. 平等尊重的师生关系

师生关系是校园内最大的关系网络，有什么样的办学理念、核心价值观就有什么样的师生关系。师生关系中，主体是学生，主导在教师。所以，平等尊重的师生关系才是爱的教育的开始。

平等尊重的师生关系，是指教师和学生之间建立在相互尊重、理解和信任基础上的教育关系。这种关系强调的是双方的平等性，即教师不再是单纯的知识传授者，而是成为学生学习过程中的引导者和支持者。学生则被鼓励积极参与到学习过程中，表达自己的观点和需求。

平等尊重的师生关系，是建立在尊重和信任的基础之上。教师和学生在人格上是平等的，在交互活动中是民主的，在相处的氛围上是和谐的。教师尊重每个学生的独立性和完整性，相信每个学生都有成为有用之才的潜力，并在教育过程中尊重学生的人格和发展规律，教师鼓励学生表达自己的想法和意见，同时学生也尊重教师的指导和教育。

平等尊重的师生关系，是建立在开放沟通和良好的感情之上的。教师和学生之间存在着开放和坦诚的沟通渠道，双方可以自由交流思想、感受和学习中的问题。所谓"亲其师，信其道"，往往学生因为"亲其师"，所以能"信其道"，教师也往往会因为爱与信任，所以能无条件地支持、激励和陪伴学生成长。

教师不再是权威的代表，而是学生学习的伙伴，这种角色的转变有助于消除学生的畏惧感，促进更积极的学习态度。平等尊重的师生关系，有助于建立一个和谐、积极的学习环境，提高学生的学习动机和效果，同时也有助于教师的职业成长和满足感。

2. 合作共享的同事关系

同事关系在学校里是比较微妙的存在，因为他们之间不可避免地既有竞争又有合作，如何处理好这种竞合关系，取决于学校管理文化，也决定了团队文化的关系。在竞合关系中如何最大限度发挥合作的作用，就需要构建合作共享的同事关系。合作共享的同事关系是教师之间以团队合作精神为基础，相互支持和协作的工作关系。

合作共享的同事关系，是基于拥有共同的目标，所以，学校层面的愿景、使命和价值观要达成共识。学校全体干部、教职员工为了学生的成长和教学质量的提高而共同努力，在学科组、年级组中，聚焦学生的成长和教学质量的提升而共同努力。

在共同目标下，同事之间就能够很轻松做到协同作战。在教育教学中，团队意识尤为重要，教师们需要建立团队合作的意识，共同参与学校的集体决策，提供展示自己能力的机会，增强参与学校事务的积极性。他们共享自己的教学材料、经验和评估标准等资源，以便同事之间能够相互学习和提高，一起参与课程设计、教学活动策划等。

我们不难看出，合作共享的同事关系，一定能让学生利益最大化，同时也更能促进学科组、年级团体和学校整体的发展。团队成员之间的相互支持和鼓励，能大大提升团队士气和工作效率，教师们通过互相支持，激励彼此提高，可以创造一个积极、健康的工作环境，这不仅能够提高教师的工作满意度，还能促进学生的学习和发展。

3. 包容和谐的干群关系

干群关系在任何一个组织都是非常重要的关系，它会严重影响每一名教职员工的工作状态和幸福指数。所以，我们要建立和谐融洽的干群关系。和谐融洽首先是建立在公平公正的基础上，所以，干部在起草制度方案时，在处理学校事务中，要做到公平公正公开，随时接受民主监督，在一些重要的涉及教师切身利益或教师专业成长的决策上，要让教师参与决策，让他们感到自己是学校的主人翁，增强他们的归属感和责任感。

每一名干部要始终与教师和学生保持平等，相互尊重对方的意见和立场，理解并尊重彼此的差异和特性。

"水能载舟，亦能覆舟"，干群关系也直接关系到人心向背，关系组织的生存与发展。学校干部要始终牢记"群众路线"，要始终和教师保持良好的沟通，了解他们的需求和期望，同时也要向教师传达学校的教育理念和目标。对于教师的一些建设性意见或建议，无论能否采纳，干部都要及时给予积极的反馈，并定期沟通工作进度，让建议提出者随时掌握完成情况。

（三）"成己为人、成人达己"的团队文化

团队文化主要指学校中各个团队在合作过程中形成的共同价值观、行为规范和心理认同。它体现在团队成员之间的相互协作、信任和支持，以及共同追求团队目标和卓越的精神。

人与人之间最好的关系，就是彼此成就。成就他人，也是在成就自己。对于一个学校来说更是如此，只有成就和帮助他人，才能发展和完善自己，实现自己的理想，达到自己的目标。这就是"成己为人、成人达己"团队文化的生命力所在，在校园内形成"人人为我，我为人人"的和谐有序的文化氛围。

1. 学校团队文化的关键要素

学校团队文化是教育组织成功的关键因素之一。通过培养积极的团队文化，可以激发教职员工和学生的潜力，提高教育质量，最终实现学校的教育目标。关键要素共同构成了一个健康、积极的学校团队文化，有助于提高学校的工作效率和教育质量。

（1）共同的学校愿景与目标

共同的学校愿景与目标是学校发展的基石。一个优秀的学校团队应该有一个共同的目标和愿景，它是学校全体成员共同追求的未来图景和努力方向，为学校的发展提供指导和动力，并激发成员的潜能和热情。

共同的学校愿景与目标通过明确方向、激发动力、增强凝聚力和提供动力等方式，有效地激励全体教职员工，提升教育质量。这些因素共同作用，使学校能够朝着既定的目标稳步前进，实现学校的长期发展和成功。

明确、激励、可实现的共同愿景与目标，像一盏灯塔，指引着师生朝着同一个方向努力，明确方向有助于减少迷茫和混乱，使每名教师都能理解自己的角色和责任。当学校的愿景与教师的个人价值观一致时，就能迅速凝聚团队力量与智慧，确保每个成员都朝着相同的方向努力，全力以赴去提高教育质量，实现学校的长远发展。

清晰的愿景与目标能增强凝聚力，当大家都为了实现同一个目标而努力时，团队的凝聚力和合作精神会得到加强。它也能为学校提供持续的动力，帮助学校在面对困难和挑战时保持坚韧不拔的精神。这种动力是推动学校不断前进、克服障碍的重要力量。

（2）团队成员的个人素养

团队成员的个人素养对学校发展至关重要，因为每所学校都是由众多成员组成的复杂组织。它影响到学校的各个方面，从教学质量到学校文化，再到学校的整体成功和长远发展。

个人素养高的团队成员通过积极的态度、专业的教学和良好的人际交往能力，能够正面影响学校的整体文化，营造一个支持学习和成长的环境。在学校，每名教师都有强烈的责任感和使命感，他们愿意为团队的成功贡献自己的力量，这有助于确保任务的完成和目标的实现。

个人素养好的团队成员有更高的持续学习能力，通过提供培训和发展机会，鼓励成员不断学习和自我提升，以适应不断变化的教育环境，帮助学校持续发展。教师的专业素养又直接影响到教学质量和学生的学习效果。教师的知识越丰富，教学技能越高，学生的学习体验和成绩往往越好。

学校团队的领导层在塑造团队文化方面起着关键作用。团队领导者的角色不仅是指挥和管理，更重要的是激励和影响团队成员，帮助他们实现个人和团队的目标。他们的行为、态度和决策都会对团队成员产生影响，因此他们需要展现出积极的领导力和率先垂范。

（3）团队成员间的良好关系

个人素质高的成员更容易与同事建立尊重和信任的关系，尊重是信任的前提，相互尊重彼此的观点和专长，建立深厚的信任关系，这是团队合作顺畅的关键。尊重和信任是学校团队文化的基石，这有助于建立一个和谐、高效的工作环境，提高团队的效率和解决问题的能力。

有效的沟通是团队文化的基础。鼓励开放、诚实的沟通可以增强团队的凝聚力和解决问题的能力。良好的沟通是学校团队文化的要素之一。开放的沟通渠道可以促进信息的流动，增强团队成员之间的理解和信任。

在团队中，成员应该愿意互相帮助，提供支持和资源，以便共同克服挑战和取得成功。学校团队文化应该鼓励成员之间的合作和支持。通过分享资源、知识和经验，团队成员可以相互帮助，共同解决问题。

教育环境经常面临变化，因此学校团队文化需要鼓励适应性和灵活性。团队成员应该能够迅速适应新的情况，并灵活调整自己的策略和方法。优秀的团队文化重视多样性并具有包容性，这样可以促进创新和锤炼解决复杂问题的能力。

2. "成己为人、成人达己"的团队文化

《论语·颜渊》有云："君子成人之美，不成人之恶。小人反是。"这句话的意思是君子成全、促成别人的好事，而不促成别人的坏事。这是儒家仁德思想的典型表现，真正的君子应当具有天下一家的胸襟与格局，有仁爱众生的气度与善意，因此其思想和行为都应当助善惩恶。"己欲立而立人，己欲达而达人"，这是孔子倡导的"仁人之道"。

我们所说的"成己为人、成人达己"的团队文化，超越了"与人为善"的"成人之美"，它认为帮助别人就是提升和成就自己的过程，不断强大、完善自己的终极目的是为了更好地为他人、为社会提供服务并创造价值。我们发现，在学校里很多人很优秀但并不卓越。众所周知，要想成为一个优秀的，聪明的个体，天赋好，勤奋些，就能达到。可是，如果要实现卓越，就必须愿意分享和奉献，成就帮助更多的人，这个过程，既是自我完善的过程，又是追求卓越的过程。

从唯物史观来看，事物都是相互消长、互为联系的。很多时候，人们因发展自己而成就别人，又因别人的成就而提升自己。如果只是狭隘地看待一己成功，孤立地经营自身利益，常常会迷失自己，也迷失被你成就同时也成就你的人。所以说，我们要敞开胸襟，放眼未来，帮助他人、成全别人，最终也能达到自己成功的目的，营造一种共赢共荣共融的氛围。

凝聚"成己为人、成人达己"的"双成"团队文化，具体来说，"成己为人"指的是要完善壮大自己，一是为了更好地育人，二是为了帮助他人获得成功。也就是说，我们不断完善和发展自己，才能够更好地帮助别人、促成别人实现他们的价值，才能更好地为社会和人民服务。而事实上，也只有通过成就和帮助他人，为社会创造财富、为人民提供满意的服务，才能不断地创造自己的价值，发展和完善自己、实现个人价值。

"成人达己"指的是成人最终也是在发展自己、完善自己。"成人"就要承认他人同我们一样，拥有同等的生存和发展的权利，然后主动积极地去帮助和成就他人。"达己"则是说，只有承认了他人的生存和发展权利，自己的生存发展才能得到肯定，个人价值也才能得到实现。所以，只有成就和帮助他人，才能发展和完善自己，实现自己的理想，达到自己的目标。

"成己为人、成人达己"的团队文化实施的方式有：方向引导、任务驱动、支持扶助、评价激励。实现的目标是培养"有理想信念、有道德情操、有扎实知识、有仁爱之心"的"四有"教师，使教师具有自我发展的强烈意愿和必备能力。

"成己为人、成人达己"是一种君子的美德，是一种高尚的道德境界。洞悉这句话里深刻的哲学内涵，在事业路上和人生路上，必能"德润坦途"，团队能始终在这种文化熏陶之下，也必定能越来越有智慧，越来越强大。